1分ドリル

恥をかかない!

人の「常識力」

知的生活追跡班［編］

青春新書
PLAYBOOKS

身だしなみから根回しのルールまで社会人の常識を完全網羅!!――はじめに

生き馬の目を抜くビジネスの世界で勝ち残るには、社会人としての基本的なルールやビジネスマナーを身につけることが不可欠だ。

学校を卒業して社会に出て仕事をしていくと、年齢も立場も異なるさまざまな人とかかわることが求められる。そんななかで、一度でも「アイツは常識がない」というレッテルを貼られてしまっては、たちまち信用を失ってしまうだろう。

つまり、社会人としての常識力を身につけていなければ、どれだけやる気と実力があったとしても、スタートラインに立つことすらできないのである。

そこで本書では、知っているようで知らない敬語や電話の応対、接客や接待のイロハなど社会人のマナーに関する疑問を集めて、それぞれ図解を交えながら1分で習得できるようにした。さらに、それらのマナーを確実に自分のものにするために実践ドリルも掲載したので、カバンに入れておいて何度も読み返していただきたい。

本書を大いに活用して社会人にとって大切な常識力を磨きあげ、誰からも信頼される一人前のビジネスパーソンを目指してほしい。

２０１２年２月

知的生活追跡班

図解1分ドリル　もう恥をかかない！　大人の「常識力」　もくじ

STEP1　身だしなみ力――好感をもたれる「見た目の法則」

STEP2 敬語力 ―― 相手に一目置かれる「言回し」の極意

STEP3 電話力 ―― トラブル・ミスを防ぐ「聞き方・伝え方」

STEP4 根回し力――社内でいい関係を築く「報連相テクニック」

STEP5 接客力――商談・交渉がすんなりまとまる「雰囲気」のつくり方

STEP6 マナー力 —— 慶弔時、自宅訪問…失敗しない「振る舞い方」

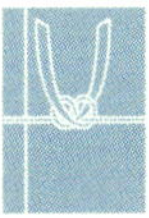

STEP7 接待力 —— 会食・酒席で相手の心をグッと「つかむ技術」

STEP8 段取り力――ライバルに差をつける仕事の「奥の手」

イラスト　川村易
ＤＴＰ・図版　ハッシィ
制作　新井イッセー事務所

STEP 1

身だしなみ力

好感をもたれる「見た目の法則」

ビジネスマナーの基本中の基本である身だしなみだが、ここに気をつけるだけで第一印象がたちまちよくなる。デキる人が実践している身だしなみのポイントを紹介しよう。

会釈と敬礼の違いって何？

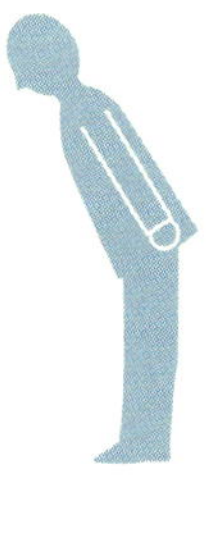

お辞儀なんかわざわざ教えてもらわなくても大丈夫だと思うかもしれないが、お辞儀はただ頭を下げればそれでいいというものではない。やり方ひとつで相手に与える印象は良くも悪くもなるからだ。

そこで、社会人として身につけておきたい**お辞儀の３つの基本**を覚えておこう。

まず、**人の前を通るときや来客にお茶を出すときなどに使う最も軽いお辞儀である「会釈」は、上体を15度ほど前に倒す。**15度といわれてもピンとこないかもしれないが、頭を下げたときにつま先から１・５メートルほど先に視線を置くようにするのがコツだ。

また、**会釈よりも丁寧なお辞儀に当たるのが「敬礼」**だ。敬礼とは、文字どおり相手を敬う気持ちを礼によって表わすもので、上司に挨拶をするときや取引先を訪問したとき、また来客を迎えるときに行うものだ。

上体を会釈よりも深く30度ほど前に倒して、視線はつま先から50センチメートルほど先に

角度で覚える「基本のお辞儀」

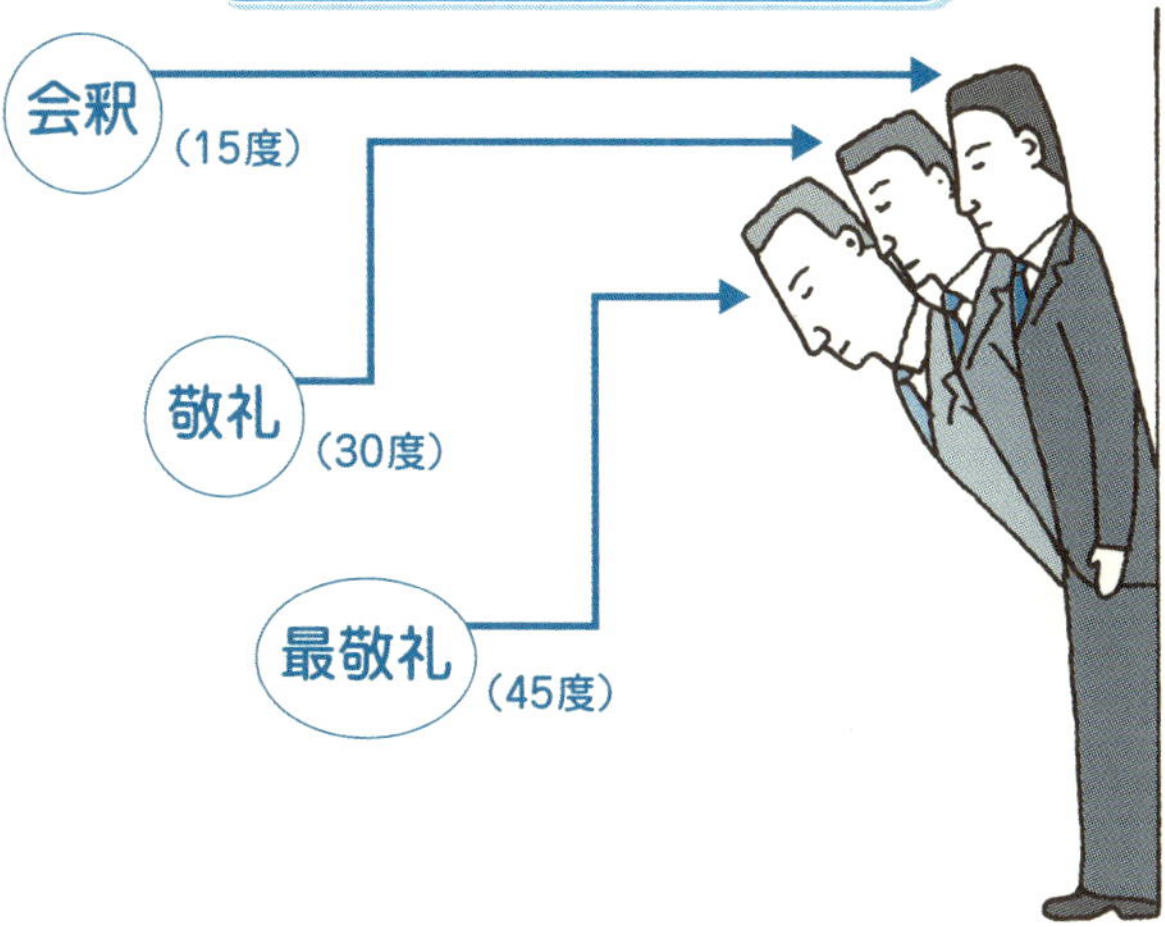

置く。ふだんの挨拶ならこの敬礼の深さまでで十分だ。

そして、お詫びや感謝の意を最大限に表わしたいときにするお辞儀が「最敬礼」になる。**最敬礼は自分のつま先を見つめるようにして上体を45度ほど前に倒し、そのまままゆっくり頭を上げる**ようにする。

ところで、歩きながら、あるいは誰かと話をしながら軽く会釈をして通り過ぎる人がいるが、この「ながら動作」はかえって相手に失礼になるので避けたい。

一度きちっと動きを止めて、足を揃えてから頭を下げれば立派なお辞儀になる。それだけで十分に礼儀正しい印象を与えることができるのだ。

人の印象の5割を決めるメラビアンの法則

やわらかい表情に対しては誰でも好感をもつものだ。その表情をつくるのが口角と眉の動きである。そこで、自然な笑顔をつくるにはこれらの動きが滑らかになるようにふだんから顔の筋肉をほぐしておきたい。いわば**笑顔をつくるためのストレッチ**である。

やり方はいたって簡単。**毎朝、鏡を見ながら素早く唇の両端を左右に大きく引き、眉毛を少し持ち上げる**ようにする。これを続けることで顔がこわばらなくなり、自然とやわらかい笑顔を見せられるようになるのだ。

アメリカの心理学者であるメラビアンが発表した「**メラビアンの法則**」によると、**人が目の前の相手を判断するときは、話の内容ではなく、半分以上を表情や態度、しぐさに頼っている**という。このように、表情などのボディーランゲージが人とのコミュニケーションにおいてどれだけ大切なのかは心理学でも証明されている。話をしている相手によい印象を与えたければ、何はなくとも笑顔を忘れないことだ。

自然な笑顔のための口角と眉のストレッチ

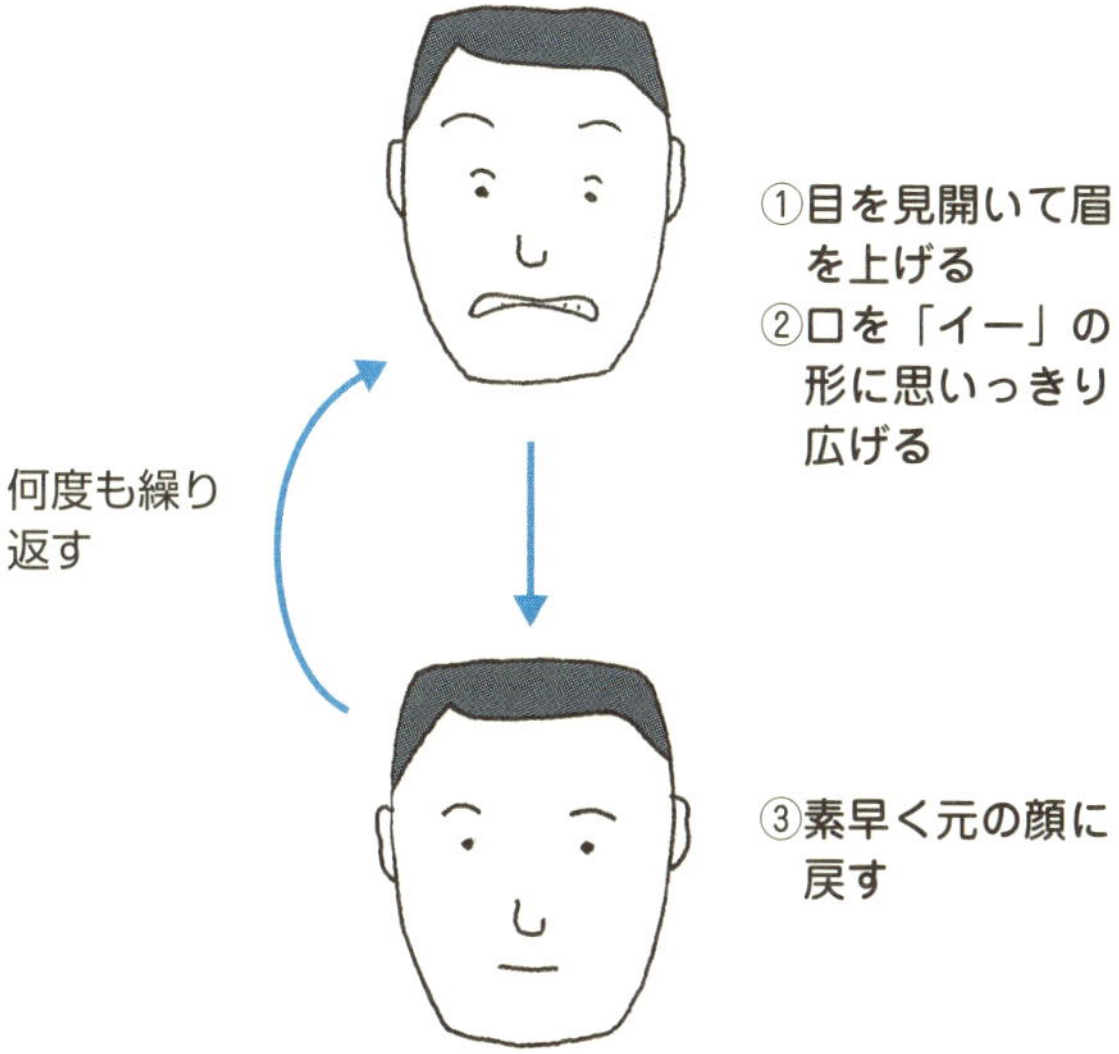
①目を見開いて眉を上げる
②口を「イー」の形に思いっきり広げる
何度も繰り返す
③素早く元の顔に戻す

好感をもたれる笑顔とは

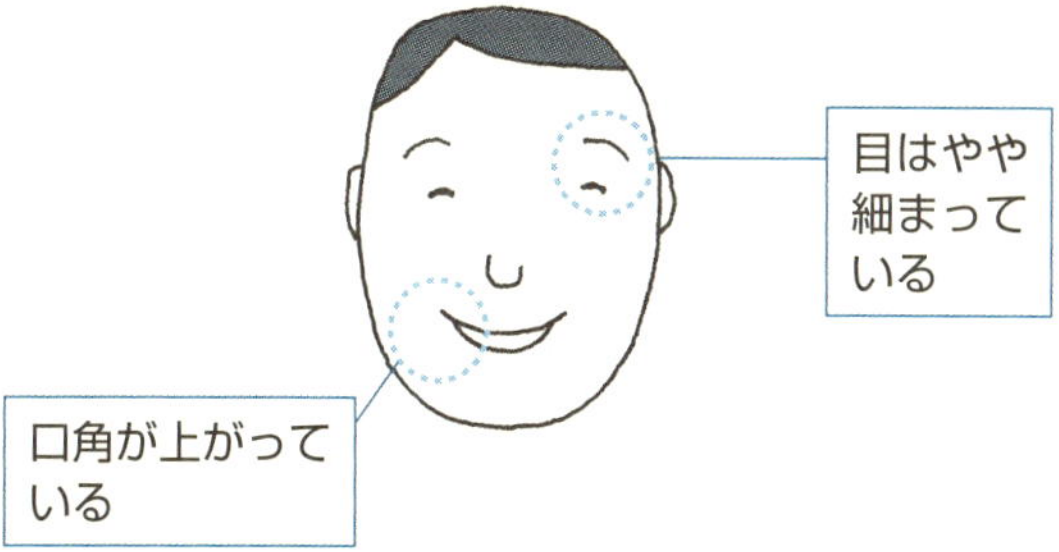
目はやや細まっている
口角が上がっている

出勤前にチェックしたい「鳩が豆食ってパッ」とは？

「鳩が豆食ってパッ」とは、ビジネスパーソンが出勤するときの忘れ物を防ぐために昔からいわれているフレーズだ。「ハンカチ」にはじまり「時計」「がま口（財布）」「万年筆（筆記用具）」「名刺入れ」「くし」「手帳」、そして「パス（定期券）」と、つい忘れてしまう持ち物の頭文字を並べて覚えやすくしている。

このように、持ち物はもちろん、身だしなみに関しても最低限のチェック項目を確認しやすいようにまとめておくといい。そうすればうっかり寝ぐせをつけたまま出かけるようなこともなくなるし、毎日決まった内容を確認すればいいから、身じたくにかける時間も短縮できる。リストに書き出して鏡のそばやドアなど毎日目にする場所に貼っておけば、出かける前に声に出しながらチェックすることができる。

なお、リストには「寝グセ」「目ヤニ」「鼻毛」「スーツのシワや汚れ」「口臭・体臭」、そして「靴の汚れ」などの項目を入れておきたい。

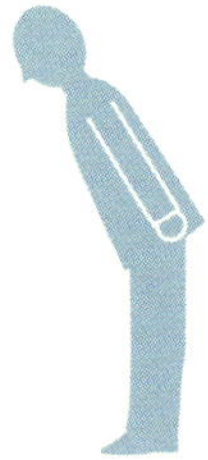

「身だしなみ」はここをチェック!!

チェック項目をメモして鏡に貼っておけば、毎日チェックできる！

スーツをスマートに着こなす ソデ、スソ、ボタン…の工夫

ビジネスパーソンの〝戦闘服〟ともいえるスーツ。平均すると1人あたり3〜5着持っているというが、着なれないうちはスマートに着こなすのは難しいものだ。そこで、**スーツを着るときの3つのポイント**を覚えておきたい。

まず、**ジャケットの胸や脇についているポケットにはモノを入れない**のが基本だ。ふくらんで見栄えが悪くなるし、型崩れの原因にもなってしまう。胸ポケットにはポケットチーフを入れることもあるが、ふだんの持ち物は財布や携帯電話など最小限にして、内ポケットに入れるようにしておこう。

次に、ジャケットのボタンのかけ方だが、**2つボタンのジャケットなら上だけを、3つボタンであれば上2つか真ん中だけをかける**のが正しい着こなしだ。そもそもジャケットはボタンをすべてとめるようにデザインされていないのだ。

それから、**ジャケットの袖口からはYシャツの袖が1・5〜2センチほど見えているのが**

スーツの着こなしチェックポイント

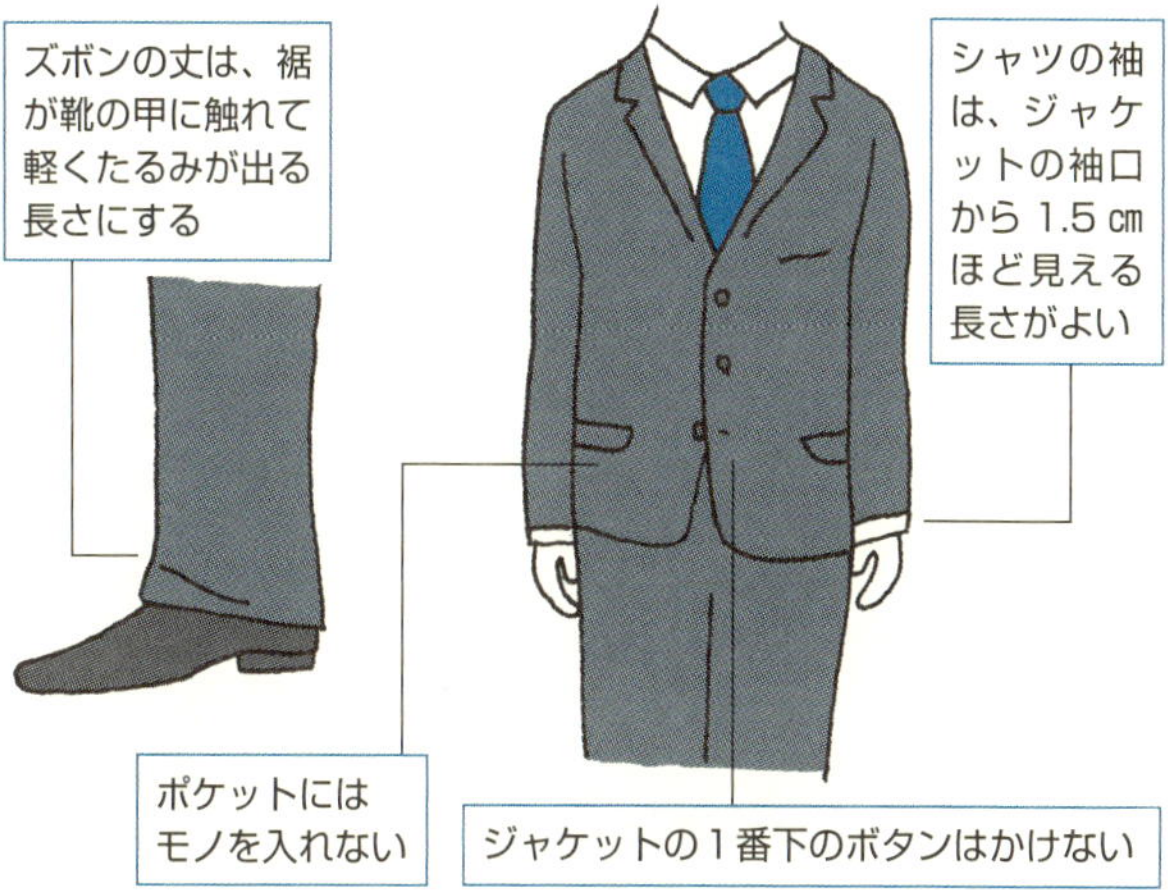
ズボンの丈は、裾が靴の甲に触れて軽くたるみが出る長さにする
シャツの袖は、ジャケットの袖口から1.5㎝ほど見える長さがよい
ポケットにはモノを入れない
ジャケットの１番下のボタンはかけない

正しい。

また、ズボンの裾は靴の甲に触れる「ワンクッション」と呼ばれる長さが基本だ。ほかにも細身のズボンで映える「ハーフクッション」などがあるから、どの仕上げがいいかズボンのデザインに合わせて買ったときに相談するといい。

ちなみに、ズボンの裾の長さを合わせるときには、実際にスーツを着たときに履く靴を忘れずに用意して、ベルトをきちんと締めてウエストの位置を合わせる。いうまでもないが、スーツのズボンはジーンズなどとは違いけっして〝腰履き〟するものではないので、その点はくれぐれも注意したい。

ヘアスタイル、メイク…はどこまで許される？

会社の一員として仕事をする以上、**社外の人に与えるあなたの印象がそのまま会社のイメージになる**といっても過言ではない。そう考えれば、あまりに奇抜なヘアスタイルやメイクがふさわしくないことはいうまでもないだろう。

社会人の身だしなみの基本は、とにかく相手に不快な印象を与えないことに尽きる。とくにヘアスタイルやメイクといったパッと目に入る部分の印象は、その人のイメージを大きく左右することがあるのでくれぐれも気をつけたい。

まずヘアスタイルでは、目が隠れると表情がわかりづらいので、なるべく顔が見えるようにする。そうすれば清潔感もアピールできる。

お辞儀をするたびに前髪が顔を覆い隠したり、外出したときに風や雨で乱れてしまうような髪型はふさわしくない。髪を整えようとして頻繁に髪に触れるのは清潔な感じがしないばかりか、落ち着きがなかったり、何か不安にかられている印象を与えてしまう。

ビジネスシーンにふさわしい髪型を

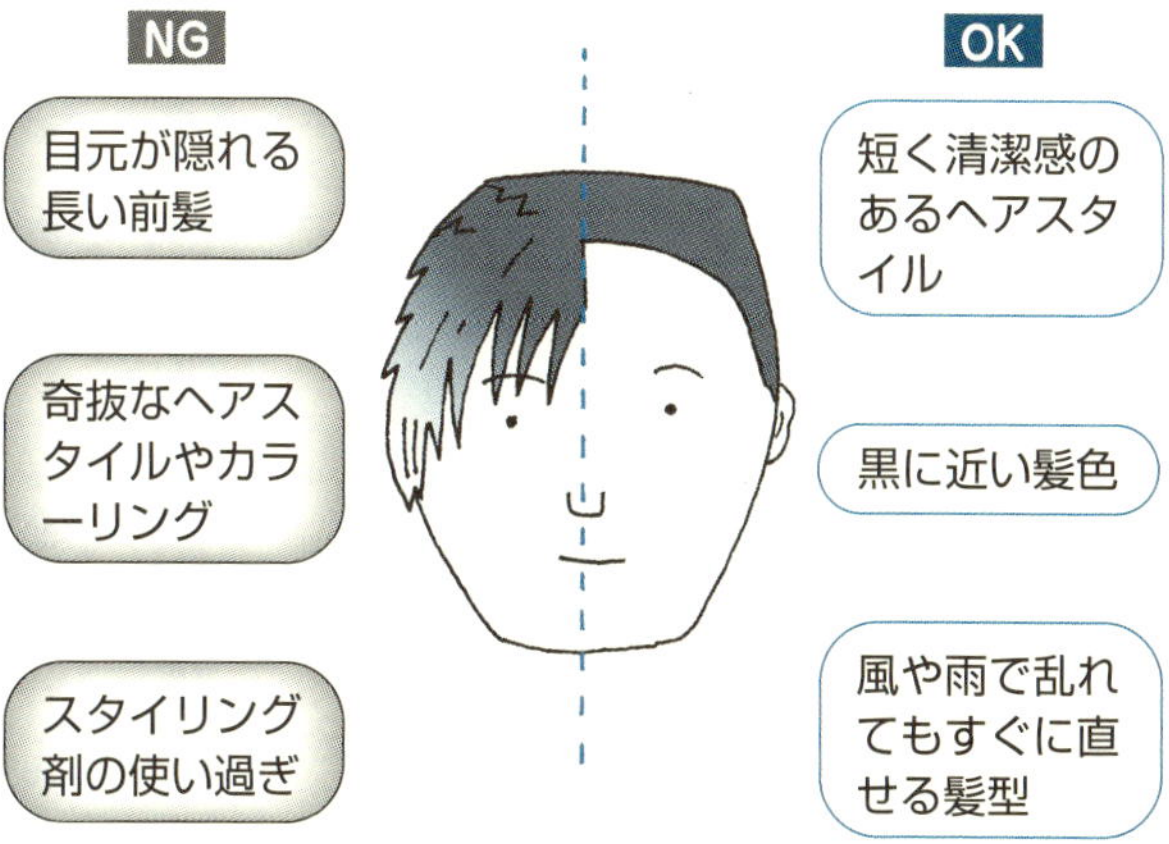
NG
OK
目元が隠れる長い前髪
奇抜なヘアスタイルやカラーリング
スタイリング剤の使い過ぎ
短く清潔感のあるヘアスタイル
黒に近い髪色
風や雨で乱れてもすぐに直せる髪型

また、身支度をさっと済ませるためにもセットに時間がかかる手の込んだ髪型は避けたい。

忙しい朝に時間をかけたくないことはもちろんだが、ヘアスタイルが思い通りに決まらないと仕事中も気になって集中することができないものだ。

ビジネスシーンでの女性のメイクも、ヘアスタイル同様、やり過ぎは禁物。メイクのテクニックを競うわけではないのだから、自分の表情が一番引き立つようなナチュラルメイクを心がけたい。

ファンデーションやチーク、口紅はあくまで血色をよく見せる程度に使い、強烈な色味は当然だがNGだ。

なぜか相手に気に入られる「ミラーリング効果」って?

初対面でこれといって共通の話題がない相手と、お互いが同郷だとわかった途端に打ち解けて話しやすくなったというような経験はないだろうか。人は案外単純なもので、どんな些細なことでも**自分と共通点を持っている相手には親近感を抱きやすくなる**。そこで、**気に入られたいと思った相手がいたらその人の口ぐせやしぐさをまねしてみる**といい。

たとえば、上司が読んでいる新聞や雑誌をチェックしておいて、同じものに目を通すといったことでもいい。上司の話に「その記事読みました」と相づちが打てれば「こいつとはなんとなく波長が合うな」と、好意をもたれることになるだろう。

これは「**ミラーリング**」と呼ばれる**心理効果**で、セールスの世界でもれっきとしたテクニックとして利用されているものだ。

それに、デキる人のやり方をまねしていれば、「門前の小僧、習わぬ経を読む」ではないが、仕事のコツを盗むことができるかもしれない。まさに一石二鳥の心理テクニックである。

上司の覚えがめでたくなる「メモの取り方」

仕事中に上司から呼ばれたときに忘れずに手にしてほしいモノがある。それは「ペン」と「メモ帳」だ。最近ではメモをとるように注意される新人が多いそうだが、たかがメモとあなどるなかれ。メモを常に携えているかいないかで、上司のあなたを見る目は大きく変わるからだ。話を聞きもらすまいとして一心不乱にメモをとる姿勢には、仕事に対しての責任感ややる気が表れる。

もちろん、仕事をするうえでメモをとることは基本中の基本だ。一度聞いただけでは覚えきれないような複雑な内容だけでなく、打ち合わせの日時などもメモしておきたい。あとからもう一度同じ内容を聞き返すというのではビジネスパーソンとしては失格である。

ちなみに、話を聞きながら素早く、しかもあとから見やすいようにメモをとるにはいくつかのマイルールを決めておくといい。たとえば仕事の期限はタイムリミットを略して「T」、疑問に思ったことはクエスチョンの「Q」などのように略して書くこともひとつの方法だ。

デキる印象を与える自己紹介の「王道テクニック」

新人のうちは会う人すべてが初対面になるわけだから、おのずと自己紹介をする機会も増える。そこで、自分をアピールできる絶好のチャンスを最大限に生かせるように、簡潔でしかも相手に好印象を与えられる効果的な自己紹介のコツを覚えておこう。

好感をもたれる自己紹介とは、うまく話せたかどうかではなく、自分のことを知ってもらいたいという熱意をどれだけ伝えられたかにかかっている。だから、名前と所属を伝えるだけで終わるなどもってのほかだ。「広報部で○○さんのアシスタントをやっています」など、自分がどんな仕事をしているかは最低限伝えたい。

話す順番としては、挨拶、所属部署と名前、そして自分の情報（自分がどんな仕事をしているかを短くまとめて具体的に）、最後にもう一度挨拶で終えるという流れが基本だ。社内だけでしか伝わらないような専門用語やわかりにくい言葉も避けて、一度聞いただけですぐに理解してもらえる自己紹介ができるように練習しておこう。

自己紹介の順序

① 挨　拶

▼

② 所属・名前

▼

③ 自分の情報

▼

④ 挨　拶

① はじめまして
② 営業Ⅱ課に配属になりました田中一郎と申します
③ まだ研修中の身ですので、何かとご迷惑をおかけすることも多いかと思いますが、
④ ご指導のほど、よろしくお願い申し上げます

身だしなみカドリル

質問①

社会人にふさわしい身だしなみとはどのようなものか。次の文章の空欄を埋めなさい。

社会人の身だしなみの基本は、相手に［　　　　］を与えないことだ。また、服装やマナーを考えるうえではＴＰＯをわきまえることが大切だといわれるが、このＴとは［　　　　］を、Ｐは［　　　　］を、そしてＯは［　　　　］を意味している。

質問②

新調したスーツと、念入りに磨き上げた靴まではいいが、意外とミスをしがちなのがスーツを着るときの靴下の選び方だ。さて、スーツにふさわしい靴下は次のどちらだろうか？

Ａ）清潔感を感じさせる白い靴下
Ｂ）なるべく目立たないダークカラーの靴下

質問①の答え…順に「不快感」、「時間」（ＴＩＭＥ）、「場所」（ＰＬＡＣＥ）、「場合」（ＯＣＣＡＳＩＯＮ）
今自分が置かれている状況が、たとえば午前中か午後なのか、社内か社外か、そして重要な会議なのかそれとも和やかな打ち合わせの席なのか。これらの時間と場所、場合の３つを踏まえたうえで、その時々で周囲の人に不快感を与えないような態度や行動を選ぶのが社会人としてのマナーの基本だ。

質問②の答え…Ｂ
白い靴下はカジュアルな印象があるので、スーツや靴と同系色のダークカラーのものを選ぶ。また、座ったときにスネが見えないように靴下の丈にも気を遣いたい。

STEP 2

敬語力

相手に一目置かれる「言回し」の極意

敬語の使い方ひとつで、人から好感をもたれたり、逆にトラブルになってしまうことがある。社会人として知っておくべき「敬語力」をおさらいしておこう。

当社、弊社、小社…自分の会社をどう呼べばいい？

取引先の会社のことを「○○商事様」とか「○○コーポレート様」と呼ぶことが多いが、社名が長いとたいへんなこともあって「御社」と簡略化することも少なくない。たとえば、「御社のご意見をお聞かせください」といった具合だ。

ただし、書面では「貴社ますますご発展のこととお喜び申し上げます」というように、「御社」ではなく「貴社」を使うことが多い。

どちらも相手の会社に敬意を払った言葉ではあるが、**「貴社」**は同音異義語であるため**「帰社」や「記者」と混同しやすい。**そこで、**会話では「御社」が主流**になってきたようだ。

では、自分の会社のことはなんと言えばいいのか。

たとえば「我が社」にはじまり、「自社」や「当社」、「弊社」に「小社」とかなりバラエティーに富んでいる。ただし、その使い方には注意したい。

まず、「我が社」は自社を誇る、あるいは自慢する意味があるので主に社内で使い、「自社」

相手の会社、自分の会社の呼び方

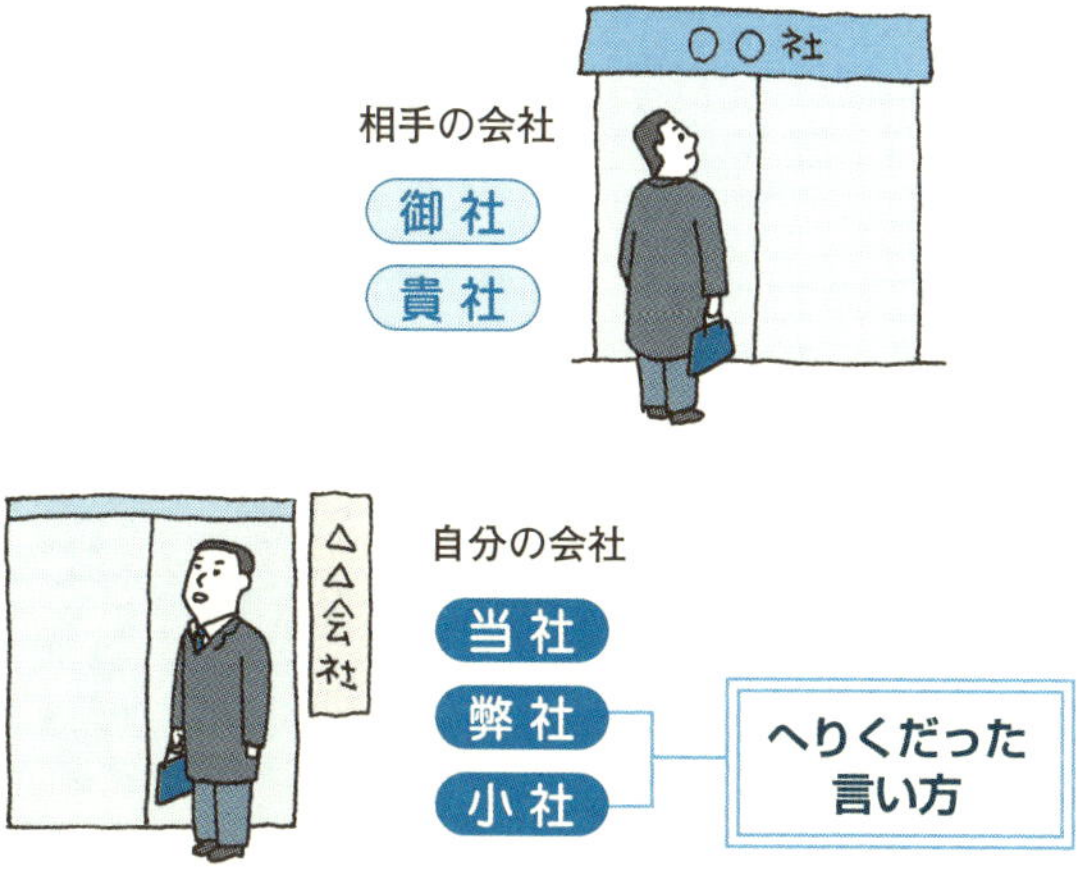

も単に自分の会社を表す単語なので対外的にはあまり使わない。

ややこしいのは「当社」「弊社」「小社」の使い分けだ。慣習として**「当社」は相手と対等もしくは自分の会社のほうが立場が上の場合**に使い、**「弊社」「小社」は相手よりもへりくだった表現なので相手を立てたい場面**で使われる。

一般的に会話でも書面でも使われるのが「弊社」で、「小社」は書面上の表現で使われることが多い。

また、もう少しやわらかい言葉として「わたくしども」や「わたくしどもの会社」という言い方がある。「弊社」が堅苦しいと感じるときにはこちらを使うといい。

01 言いづらい要望もすんなり通る「～ですが」の使い方

ビジネスシーンでは、言いづらいことを口にしなければならない場面がしばしばある。そんなときに使いたいのが「～ですが」という表現だ。これらのなかでも特に使いやすい次の言回しを覚えておこう。

まず「失礼ですが」は、「どちら様でしょうか」と尋ねるときなど、主にプライベートなことについて答えてもらわなければならないときの前振りとして使うと効果的だ。

また「お手数ですが」は、「ご協力お願いいします」など、相手に何か面倒なことをしてもらうときには必ずつけたい言回しである。「恐れ入りますが」も同様に、「少々お待ちくださ い」など、ちょっとしたことをお願いするときに添えると感じよく聞こえる。

最後に「あいにくですが」は、「その日は予定が入っておりまして」などの前に使う言葉で、相手の期待する返事ができないときや断るときに使うといいだろう。いずれにしてもこれらの言回しは、丁寧な印象を与えるので意識的に使うようにしたい。

誤解を招く「あいまい言葉」とは？

何かを勧められたときに、「結構です」というと一瞬断っているように聞こえるが、見方を変えれば「たいへん結構です。いただきましょう」というような意味に受け取られることもある。「うちはいいです」や「大丈夫です」なども同様で、否定とも肯定とも解釈できるあいまいな言葉だ。

だから、仕事のことで断るときにはこうしたあいまいな言葉を使ってはいけない。**誰がどう聞いても断っていると判断できる言葉を使わなければならない**のだ。

たとえば「必要ありません」や「間に合っています」、「お断りします」と言えば、否定したい旨がはっきりと伝わるはずだ。

逆に肯定するなら「そうですね」や「はい、わかりました」とうなずくだけでなく、「はい、明日の午後にお会いしましょう」などと、相手の言ったことを確認しつつ、ＹＥＳという意思表示をしたほうが間違いがない。

「ご苦労様」と「お疲れ様」、何がどう違う？

肩同士がぶつかって謝るときも、落し物を拾ってもらってお礼を言うときも、「すみません」のひと言で済ませる人が多い。ふだんの生活で「すみません」はとても使い勝手のいい言葉だが、ビジネスシーンではけっして万能選手とはいえない。むしろ使える範囲は狭いと考えていたほうがいいだろう。

たとえば、遅刻をしてしまって上司に謝るときは「すみませんでした」を使ってはいけない。この**「すみません」は、対等もしくは目下の人に対して使う言葉**なのである。

この場合は、目上の人には「申し訳ありません」、もしくは「申し訳ございませんでした」と言わなければならないのだ。

これは取引先や顧客に対しても同じことだ。新入社員が「すみません」を使える場面はほとんどないと心得ておこう。

ちなみに、同じようによく間違うのが「ご苦労さま」の使い方だ。「ご」が冠についたう

謝罪の言葉にも丁寧語がある

目上の人
「申し訳ありません」
「申し訳ございません」

対等の人
「すみません」

目下の人
「すみません」
「ごめんなさい」

えに「さま」までついているので最上級の敬語と勘違いしてしまいそうだが、これも**目上の人が目下の人に使う言葉**だ。

ただ、出入りの業者などで親しくなった相手には、コミュニケーションをとる意味で自分が年下でも「ご苦労さまでした」と言って差し支えないだろう。

では、**目下の人から目上の人**にはどう言えばいいのかというと、**「お疲れさま」**である。この「お疲れさま」と「ご苦労さま」の使い方を間違えると常識を疑われる。

社会に出たら目上の人にはより丁寧な「お疲れさまでした」を、それ以外の人にはすべて「お疲れさま」を使うと覚えておくほうが賢明だ。

01

「○○部長様」って言い方、正しい？

上司や同僚をどう呼ぶかは、簡単そうでいて意外と難しい。社内での呼称と社外の人を前にしたときの呼び方は異なるからだ。ビジネスパーソンなら間違えずに使い分けるようにしたい。

まず、**自社内では「○○課長」「○○部長」のように、「名前＋役職名」で呼ぶ**のが一般的だ。

もっとも、会社によっては役職名なしで「○○さん」と名前だけを呼ぶこともあるので、そこはケースバイケースで対応しよう。ただし、社外の人が一緒にいるときには役職名を付けるのが望ましい。

次に、役職のない社員は先輩でも後輩でも「～さん」となる。プライベートの時間ならば「～君」「～ちゃん」でもかまわないが、仕事中は後輩でも「～さん」と呼ぶべきである。つまり、自分から見て内部にあたる社内の人については、へりくだった表現を用いなければい

呼称は「社内」と「社外」で使い分ける

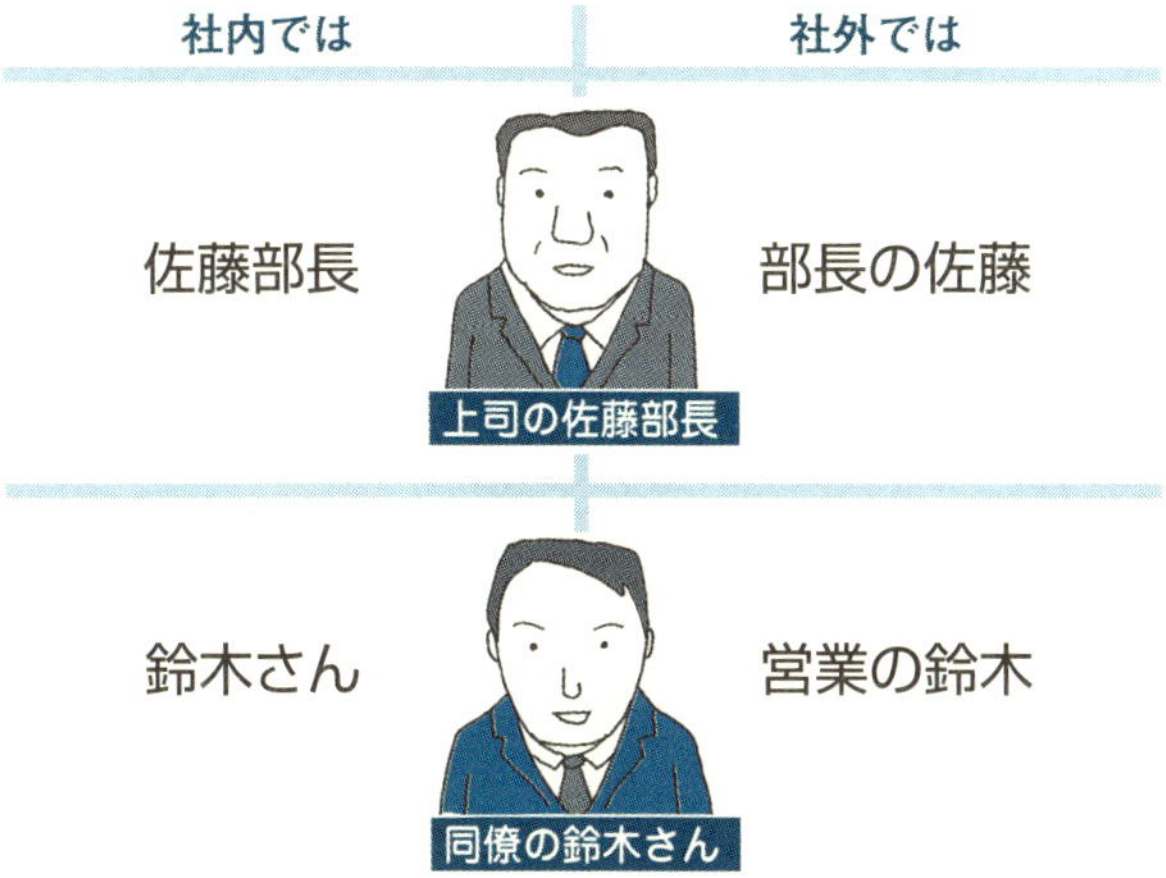
社内では
社外では
佐藤部長
部長の佐藤
上司の佐藤部長
鈴木さん
営業の鈴木
同僚の鈴木さん

けないのだ。

一方で、**社内の人を社外の人に紹介するときには、たとえ上司であっても敬称をつけずに「社長の○○」「部長の○○」と名前は呼び捨てに**する。役職がなければ「営業の○○」といった具合でいい。

逆に**社外の相手には尊敬語を使い、「名前＋役職」か「役職名＋名前＋様」で呼ぶ。**

仮に先方が営業部長の山田さんなら、「山田部長」あるいは「営業部長の山田様」という呼び方になるわけだ。なお、「○部長様」では二重敬語になるので注意したい。

自分の上司の場合はどうなるのか、使い分けのパターンを表にしてまとめてみると一目瞭然だ。

01

丁寧だと勘違いして、つい使ってしまうダメな言回し例

喫茶店などで「こちらコーヒーになります」と言われることがあるように、オフィスでも「こちら資料になります」と資料が配られることがある。この**「～になります」が丁寧な言回しだと思っているなら大間違い**だ。

「～になる」は「～に変化する」という意味で使うのが一般的なので、「こちら資料になります」ということは「今はまだ資料じゃない」ということになってしまう。さすがに「いつ資料になるんですか？」と聞き返す人はいないだろうが、そこは妙にこねくり回さず「こちらが資料です」と言うべきなのだ。

ほかによく使うのが「～のほう」という言回しだ。「お名刺のほう頂戴できますか」「お席のほうご案内いたします」など「～のほう」をつけてしまう人はじつに多い。しかし、**「～のほう」は丁寧な表現ではない。**これもまったく不要な言葉といえるのだ。

こうした言回しを使うことは、ふだんから意識して減らすようにしたい。

改めたい言回しの間違い

～になります

× 「こちら資料になります」

○ 「こちらが資料です」

～のほう

× 「お名前のほうお伺いしてもよろしいですか？」

○ 「お名前をお伺いしてもよろしいですか？」

～という形で

× 「後ほどご連絡するという形でよろしいでしょうか？」

○ 「後ほどご連絡してもよろしいでしょうか？」

～でよろしかったでしょうか

× 「この資料でよろしかったでしょうか？」

○ 「この資料でよろしいですか？」

ぜんぜんいいです

「ぜんぜん」は「～ない」（否定形）とワンセットにするのが一般的なので、ここは「ぜんぜん問題ありません」が正しい。

逆に～

元となるものがあって、それと反対のことを言うときに使う言葉。「逆に疲れますよね」など接続詞のように使うのは間違い。

～っていうか

典型的な学生言葉で、「ダメっていうか、時間的に無理です」などの言回しは稚拙。社会人なら「時間的に厳しいと思います」と言いたい。

何気なく使っている言葉はとくに注意したい

01

お願いするときに効果がある「クッション言葉」とは?

物怖じせずに自分の意見をはっきり言えてこそ一人前の社会人だが、あまりストレートに言い過ぎるのは相手に不快な感情を与えてしまうだけだ。そんなときは、ソフトな印象を与えるクッション言葉を使うといい。

まず、**基本として使いたいのが「恐れ入りますが」や「申し訳ございませんが」といった前置きの言葉**だ。先に謝ってしまえば相手を優位に立たせることができて、いきなり本題に入るよりもやわらかい印象を与えることができる。

さらにその**語尾には「～ますでしょうか」と投げかけの言葉を付ける。**たとえば、「申し訳ございませんが、コピーしていただけますでしょうか」といった具合だ。ちょっとしたことでも何かをお願いしたいときにはこの言回しを使いたい。

さらに、**よりクッションを強くするには**「～していただけますでしょうか」ではなく**「～していただけませんでしょうか」と最後を「否定＋投げかけ」にする**方法がある。わずかな

クッション言葉の使い方

●お願いするとき

恐れ入りますが 申し訳ありませんが	○○して	いただけないでしょうか いただけますでしょうか

●申し出るとき

よろしければ	○○しましょうか

●断るとき

お誘いいただいてありがとうございます	でも残念ですが	○○できません

ことだが、こうすることで言葉のやわらかさが増すから日本語は不思議である。

そのほか**「よろしければ」も便利に使えるクッション言葉**だ。これは相手にお願いするときにも使えるが、「よろしければ資料お持ちしましょうか」などと、自分が何かをしたいときに使うと恩着せがましさがなくスマートな印象になる。

こうしたクッション言葉が本領を発揮するのは、拒否したり断ったりする場面だ。

たとえば何かの誘いを断りたいときには、まず「お誘いいただいてありがとうございます」などとお礼の言葉を使い、その後で「でも残念ですが、今日は〜」と言えば、即答で断るよりも受け入れてもらいやすい。

「わたくし」という言い方をサラッと簡単に使うには？

少々堅苦しい印象がある「わたくし」という言回しだが、社会人としては普通に使えるようになりたい言葉だ。「ぼく」や「わたし」を「わたくし」に置き換えるだけでグッとオフィシャルな印象になり、また社会人としての自覚も湧いてくる。

この「わたくし」をサラッと使うには、それにふさわしい敬語をセットで使うようにするといい。

たとえば、「言ってください」を「おっしゃってください」に変えると、「わたしに」よりも「わたくしに」のほうがしっくりくる。また、「持ってきます」ではなく「持って参ります」というほうが主語に「わたくし」を使いやすい。

ちなみに「わたくし」を使うなら相手の呼称も変えたほうがすんなりといく。基本的には「様」を付けることだが、「そちら」は「そちら様」に、取引先の「課長」なら「○○様」と名前に様を付けると、「ぼく」や「わたし」は使いづらくなるのだ。

敬語とワンセットにすると言いやすい

わたし ぼく	わたくし
持ってきます	持って参ります
聞きました	うかがいました
知らせます	お知らせします
言います	申し上げます
～します	～いたします

逆にすると
言いにくい！

日常語をたった1秒で丁寧語に変換する方法

どれだけ高級なスーツを身にまとい、磨き上げた靴を履いていたところで、言葉づかいひとつで相手に幼い印象を与えてしまうことがある。これではビジネスパーソン失格だ。

そこで、**ふだんの会話でよく使う言葉を〝微調整〟**してみるといい。

たとえば、**「今日はありがとうございました」**と言うところを、**「本日はありがとうございました」**と言ってみる。**「知りません」**や**「わかりません」**ではなく、**「存じません」**と答えてみる。わずかな違いだが、どちらが丁寧に聞こえるかはいうまでもない。

また、毎日のように顔を合わせるなじみの取引先には、「ああ、さっきはどうも」とか「後で行きます」など、ついくだけた言葉を使ってしまうものだが、これでは緊張感が薄れて、〝なあなあ〟になり、ミスの原因にもなりかねない。

こんなときにも「先ほどは失礼しました」や「後ほど伺います」と丁寧な言葉を使えば、相手も相応の礼儀をもって接してくれるはずである。

日常語を丁寧語に変換すると

これ、ここ、こっち	こちら
あれ、あそこ、あっち	あちら
どこ、どれ、どっち	どちら
だれ	どなた様
あの人	あちら様
少し	少々
ちょっとの間	しばらく
あした	明日（みょうにち）
この前、この間	先日
去年	昨年
そうです	さようでございます
いいですか？	よろしいでしょうか？
どうしますか	いかがなされますか
できません	いたしかねます
知りません	存じません
わかりました	承知いたしました

「お」と「ご」、いったいどっちをつければいい？

目上の人と話すときに、「お」や「ご」をつけて丁寧な言葉にするのは誰もがやっていることだ。しかし、ふだん何気なくつけている「お」や「ご」は接頭語といい、どんな言葉に付けるかが決まっていることはあまり知られていない。簡単にいうと、**「お」は和語に、「ご」は漢語に付ける**のだが、この和語と漢語の違いがわかるだろうか。

漢語は主に熟語で、音読みする言葉のことである。そして、古くから日本にある言葉で、一般に訓読みをするのが和語である。

たとえば、「お知らせ」は和語になるが、同じ意味の漢語は「ご通知」や「ご案内」となる。**和語は話し言葉でも使うふだん使い**の感じがあるが、**漢語はビジネスシーンや改まった文書を書くとき**に使う言葉になる。

こうした違いがわかると、目上の人と話すときやビジネス文書には「ご」を付けた言葉遣いが求められることがわかるはずだ。

基本的な接頭語のルール

和語は「お」

お話し（おはなし）
お手紙（おてがみ）
お許し（おゆるし）
お引っ越し（おひっこし）
お手洗い（おてあらい）
お住まい（おすまい）
お見事（おみごと）
お断り（おことわり）
など

漢語は「ご」

ご連絡（ゴレンラク）
ご意見（ゴイケン）
ご依頼（ゴイライ）
ご利用（ゴリヨウ）
ご説明（ゴセツメイ）
ご計画（ゴケイカク）
ご足労（ゴソクロウ）
ご住所（ゴジュウショ）
など

例　外

「時間」「電話」「名刺」などは漢語だが、
「お」をつける

★「お」や「ご」をつけない言葉

外来語……トイレ、コーヒー、ズボン、コート
など
公共物……学校、電車、道路など
自然………川、風、雷、太陽など
動植物……犬、猫、鳥、木など

覚えておきたい「ビジネス慣用敬語」ベスト10

敬語には、尊敬語、謙譲語、丁寧語などがあるが、ベテランの社員でもそのすべてがわかっているということは少ない。

なかでも、ビジネスシーンで使いこなせるようになりたい言回しのひとつが慣用敬語だ。この慣用敬語は敬語に慣れていない新入社員が覚えておくと便利な言回しである。

そこで、「かしこまりました」や「恐れ入ります」などよく使われる慣用敬語のベスト10を集めてみた。電話の取り次ぎにはじまり、来客の応対や上司との会話のなかでこれらの言回しを使うだけでかしこまったニュアンスを伝えることができる。

たとえば、電話の不在対応のときには、「少々お待ちください」と「お待たせいたしました」、そして「席を外しております」と「折り返しお電話いたします」と伝えるだけでじつにスマートな対応になるといった具合だ。

日ごろから意識して使うようにして、とっさのときにすぐ出るようにしたい。

ビジネス慣用敬語ベスト10

- お待たせいたしました
- 少々お待ちください
- 折り返しご連絡いたします
- 席を外しております
- お世話になっております
- お手数ですが
- 申し訳ございません
- 頂戴いたします
- 恐れ入ります
- かしこまりました

「お見えになられた」…この敬語、正しい？間違い？

敬語の使い方は会社の先輩や上司と毎日顔を合わせているうちにしだいに身についてくるものだが、常務や社長など役職が高い相手となるとつい緊張してしまい、間違った使い方をしてしまいがちである。

なかでもよくあるのが、「社長がお着きになられていらっしゃいます」などと敬語を重ねてしまう二重敬語だ。そのほかにも、尊敬語にさらに「られた」をつける場合も多く、たとえば「おっしゃられた」や「お見えになられた」、また「ご覧になられた」などである。

そもそも、**「おっしゃる」は「言う」、「お見えになる」は「来る」、そして「ご覧になる」は「見る」の尊敬語である。そこにさらに「〜れる」とか「〜られる」といった尊敬語を加えてしまうから二重敬語になってしまう**のだ。

この場合は「おっしゃる」だけにするか、あるいは「〜れる」や「〜られる」を使うのなら「言われる」「来られる」「見られる」とするのが正しい。

この言い方は二重敬語

二重敬語

お見えになられる
おっしゃられる
ご覧になられる

＝

お見えになる
おっしゃる
ご覧になる
＋
～られる

（正しくは「お見えになる」もしくは「来られる」、「おっしゃる」もしくは「言われる」、「ご覧になる」もしくは「見られる」）

ただし、ふたつ以上の敬語を接続助詞の「て」でつなげて使う連結敬語は問題ない。

たとえば、「お読みになっていらっしゃる」は、「読む」の敬語である「お読みになる」と、「いる」の敬語である「いらっしゃる」というふたつの尊敬語をつなげているので二重敬語にはならないのだ。

こうした細やかな敬語の使い方は、何度も使って自分のものにするしかない。はじめのうちは間違っても周囲から注意されたり教えてもらえたりするが、それも新人のうちだけだ。

自分に後輩がつく前にぜひともマスターしよう。

質問①

電車の遅延で打ち合わせに遅れていた取引先の担当者が、たった今到着した。そのことを上司に連絡するときの言い方として、正しいものをすべて選びなさい。

A）「先方がおこしになりました」
B）「先方がおいでになりました」
C）「先方がお見えになりました」
D）「先方がおいでになられました」

質問②

次の空欄にはそれぞれ「知っている」の尊敬語か謙譲語が入る。正しいものを入れなさい。

A）「その方のお名前は［　　　］おります」
B）「弊社の新しい住所は［　　　］ですか？」
C）「次回の会議の日程は［　　　］おります」

質問①の答え…A、B、C
「来る」の尊敬語にはさまざまなものがある。これ以外にも「いらっしゃる」や「来られる」も使える。なお、Dは「おいでになる」と「～られる」で、二重敬語になっているので正しくない。

質問②の答え…Aは「存じ上げて」、Bは「ご存じ」、Cは「存じて」
相手に聞いているBは尊敬語の「ご存じ」を使う。このように物や事柄を知っているときの謙譲語は「存じている」でもかまわないが、Aのような人名の場合はよりへりくだった「存じ上げている」を使いたい。

STEP 3

電話力

トラブル・ミスを防ぐ「聞き方・伝え方」

たった1回の電話の応対によって会社のイメージは良くも悪くもなる。コミュニケーションをより円滑にし、率先して受話器を取りたくなる電話術とは。

新人が電話を取り次ぐときの「ゴールデンルール」とは？

新人の重要な仕事のひとつに電話の取り次ぎがあるが、たかが電話とあなどってはいけない。自宅の電話と違って、会社での電話対応にはルールがある。

まず、**電話が鳴ったらどんなに忙しくても「3コール以内」に受話器を取る**ようにしたい。それ以上待たされるとイライラしてくる人もいるから、やむを得ず遅れたときは「お待たせしました」のひと言をつけ加えよう。

続いて「はい、○○株式会社です」と、**はっきりと聞き取りやすいように会社名や部署名を名乗る。**会社によって名乗り方に違いがあるので、あらかじめ名乗り方を確認しておくといい。また、外線と内線で名乗り方は変わってくるのでその点もしっかり確認しておく。

次に、**相手の社名や名前、誰にかかってきた電話なのかをメモを取りながら尋ねる。**入社したばかりのときは、部外者はもちろん部内の人の名前もまだ覚えきれていないので、間違いを最小限に防ぐためにもメモは確実にとりたい。

電話の取り方のルール

① 3コール以内に受話器を取る

②「はい、○○会社です」

△△の田中と申しますが → 名前をメモ

③「△△会社の田中様ですね。いつもお世話になっております」

佐藤さんはいらっしゃいますか？ → 取り次ぐ相手をメモ

④「佐藤ですね。少々お待ちくださいませ」

最後に、メモを見ながら「△△会社のAさんですね」などと**必ず相手の名前を復唱**すれば、誰かに取り次ぐときにも正確に内容を伝えることできる。

また、基本中の基本として、保留や転送のしかたなど電話機の操作を前もって確認しておくことも大切だ。覚えるまでは操作方法をメモして電話機の近くに貼っておけば、手間取ることなく電話を取り次ぐことができる。

最初は誰しも不安を抱くものだが、一連の流れさえ身につければスムーズに対応できるようになる。早く慣れるためにも、物怖じせず、誰よりも先に電話に出るようにしたい。

電話の相手が名前を名乗らないときはどうすればいい？

社外からの電話を受けたときに困るのが、「A部長いるかな？」などと言うだけで、相手からは名前を名乗らない場合である。

このように、いかにも昔からのお得意先かのように話されると、こちらもつい名前を尋ねては失礼になるのではないかと躊躇《ちゅうちょ》してしまう。

しかし、相手の名前を確認しないまま「どなたかわからないんですが……」と、取り次ぐのはいただけない。誰からの電話かわからないままでは取り次ぐ相手に対して失礼だし、もしかしたらその電話はしつこいセールスかもしれないからだ。

ビジネスマナーからしても、**最初に名乗らない相手のほうが無礼にあたるので、ここは「失礼ですが、お名前を伺ってもよろしいでしょうか」と、名前を聞く**のが正解である。

それでも名乗りたがらなければ、「申し訳ありませんが、お名前をお伺いできない場合はお取り次ぎいたしかねます」と丁重に断ってもマナー違反にはならない。

電話で「おはようございます」は何時まで使える？

朝の挨拶としてふだんから当たり前のように使っている「おはようございます」だが、電話でも朝の第一声は「おはようございます。○○株式会社です」と言うのが基本である。

このとき、気をつけたいのが時間だ。

なかには、夜中でも「おはようございます」と挨拶する業界もあるが、それはあくまでも例外。一般の企業では朝の時間帯しか使わない挨拶だから、いつまでも「おはようございます」と言っていると相手におかしな印象を与えてしまう。

目安としては、**だいたい10時半までが「おはようございます」を使うリミット**だと考えれば間違いはない。それ以降は「こんにちは」や「こんばんは」ではなく、「はい、○○株式会社です」と社名を名乗るだけでいい。

1日の始まりに「おはようございます」とハキハキした声で対応すれば、相手もすがすがしい気分になる。自分自身も活気ある朝のスタートを切れるはずだ。

昼休み中の先輩に電話が…
相手にはどう伝えるべき？

昼休みやトイレ、私用の外出など、電話を取り次ぐ相手が業務以外の理由で不在にしていることは思いのほか多いものだ。

そんなとき、かかってきた電話に「ただいまAは昼休み中で……」などと正直に不在理由を話してしまうのは感心できない。

仕事に対する姿勢や考え方は人それぞれだから、**不在の理由が業務以外と聞けば、なかには快く思わない人もいる**からである。

たとえば、一刻を争うトラブル処理のために電話をかけてきたのに「昼休み中」と伝えれば、「この緊急事態にのん気に休憩するなんて！」と腹立たしく感じる人もいるかもしれない。

取り次ぐ相手が不在のときは、原則として**「申し訳ございません。ただいまAは席を外しております」という応対が基本**だ。しかも、不在理由が業務以外であれば、なおさら「席を外しておりまして……」と答えるのが社会人としての常識である。

すぐに戻る場合は「席を外しております」

すぐに電話を折り返せない場合は…

「ただいま外出しております」と応対する

もしも外出中の担当者の携帯番号を聞かれたら？

緊急な用事があって電話をかけてきた人に「Aはただいま外出しております」と伝えたところ、「では、Aさんの携帯電話の番号を教えてください」と聞かれたとしたら——。

急いでいる相手に対しては番号を教えてあげたほうが親切な対応かと思うかもしれないが、**基本的には教えないのがルール**だ。

仕事で使用しているとはいえ、携帯電話は個人のものであることが多い。そんな電話の番号を勝手な判断で教えるのは問題がある。

こういうときは、まず**「大変申し訳ございません」と丁重に謝ってから、「取り急ぎ、こちらからAに連絡を取り、本人から直接ご連絡を差し上げますがよろしいでしょうか」とするのが最良の対応**だ。

もちろん、会社から支給されている携帯電話や、名刺に印刷されている番号はビジネス向けにオープンにされているものなので、必要に応じて相手に伝えても差し支えない。

担当者の携帯番号は教えずにこう対処する

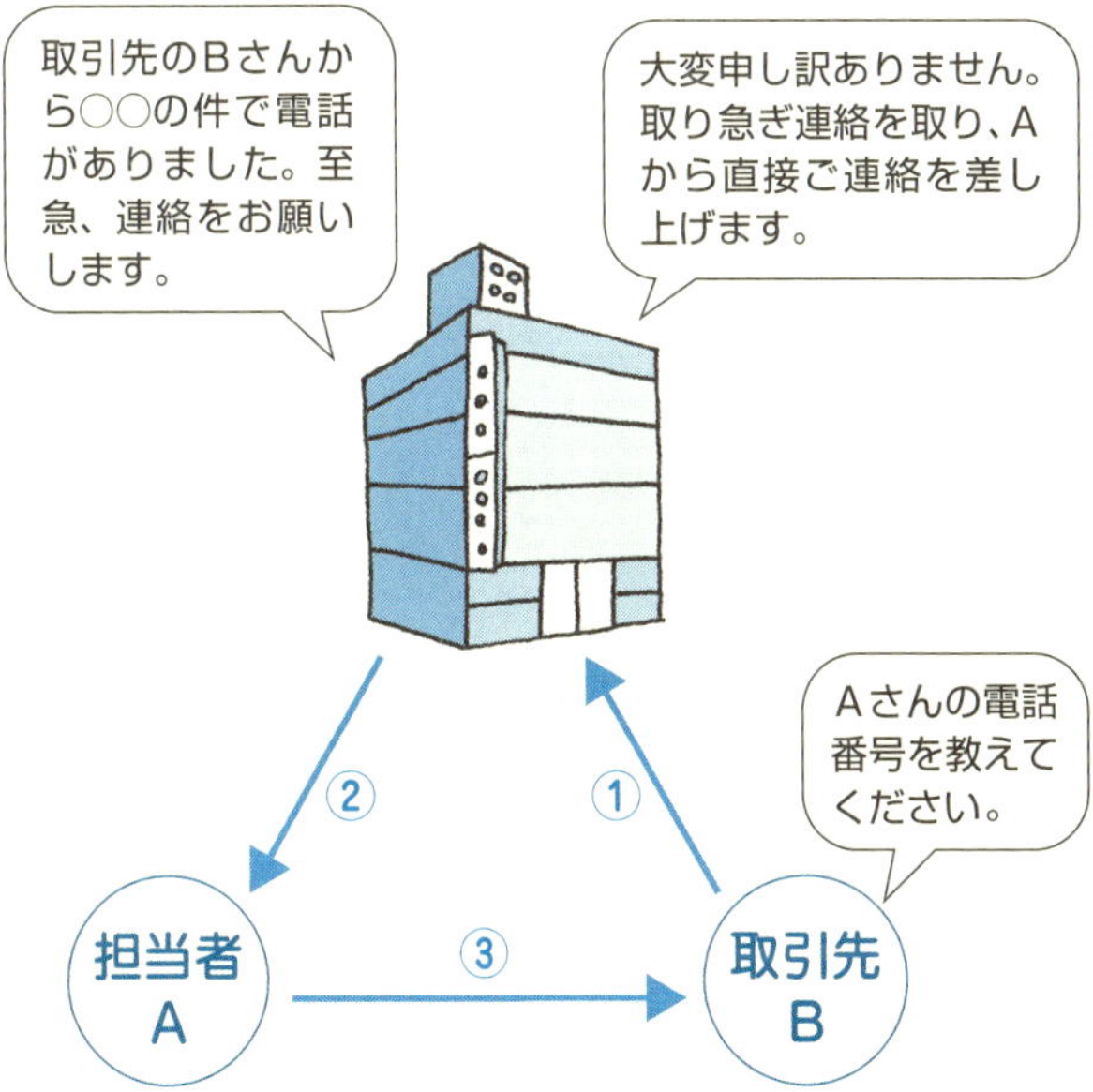

取引先のBさんから○○の件で電話がありました。至急、連絡をお願いします。
大変申し訳ありません。取り急ぎ連絡を取り、Aから直接ご連絡を差し上げます。
Aさんの電話番号を教えてください。
②
①
③
担当者A
取引先B

ただし

○○株式会社
090-0000-0000

名刺に携帯の番号が印刷されている場合はそれを教えてもいい

セールス電話をたった10秒で感じよく断る方法

不思議なことに、どんな会社にでも必ずといっていいほどかかってくるのがセールスの電話だ。「販促の担当の方をお願いします」などと唐突に担当者への取り次ぎを頼まれることが多いが、セールスの電話だからといって勝手に断っていいかというとそうではない。

というのは、その**電話が会社にビジネスチャンスをもたらす可能性もある**からだ。

新人のうちのセールスの電話への正しい対処法は、まず「○○という会社から、電話が入っています」と**担当者に伝えて、取り次ぐかどうかの判断を仰ぐ**ことである。

そこで担当者が断ると判断すれば、「ただいま、担当の者は席を外しております」とか「古くからお取り引きしているところがございますので」などと丁重に断るといい。

このとき、くれぐれも**相手にぞんざいな態度を取らないように注意**したい。ビジネスシーンでは**いつ立場が逆転して相手が顧客にならないとも限らない。**会社のイメージダウンにならないように、セールスの電話といえども丁寧な対応を心がけよう。

初めての相手にも「いつもお世話になってます」でいい？

電話がかかってきたときは、相手が名乗ったあとに「○○株式会社の○○様ですね。いつもお世話になっております」と、まず挨拶をするのがマナーである。

とはいえ、入社して間もないときには、ほとんどの電話が初めて話す人ばかりになる。これまで会ったことも、話したこともない人に対して「いつもお世話になっております」と言うのはおかしいのではないかと感じる人もいるだろう。

しかし、**ビジネスの場ではたとえ初対面でも「いつもお世話になっております」でかまわない。**自分が相手を知らないだけで、会社としては長いつき合いがあったり、上司や先輩にとっての大切な取引先である可能性も考えられるからである。

もしかすると、まったくつき合いのない、本当にお世話になったことのない相手というケースもあるだろう。だが、そこはこれからお世話になるかもしれない相手と考えて、心を込めて「いつもお世話になっております」と感謝の言葉を口にすべきだ。

電話中に上司に呼ばれたときの感じのいいしぐさとは?

上司から呼ばれたら、まず返事をしてからすぐにその上司のもとに行くものだが、電話をしている最中に上司に呼ばれてしまったらどうすればいいだろうか。

こんなときは、**その場でさっと立ち上がって耳に当てている受話器を上司に見せて、電話中だということをしぐさで示す**といい。

仕事の電話を中断させてまで自分の用件を優先させようとする上司はいないだろうから、上司が電話中であることを理解してくれたら、上司に向かって軽く会釈をしてからイスに座り、そのまま話を続ければいいのである。

そして電話が終わったら、すぐに「お待たせしました。ちょうど電話中で失礼いたしました」と、詫びるといいだろう。

いくら電話中でしかたがなかったとはいえ、上司を待たせたことは間違いない。だが、こうした謙虚なひと言があれば、礼儀正しい部下だと好意的に見てくれるだろう。

呼ばれたら立ち上がり、電話中であることをしぐさで示す

トラブルを防ぐ電話とメールの使い分け方

携帯電話やパソコンのメールに慣れていると、電話で直接話をしてやり取りをするのがつい面倒に感じてしまうものだ。とはいえ、仕事においては電話での対応が依然として多い。

とくに、**クレームの対応や納期の遅れに対するお詫びなど、先方に謝罪する必要があるときは必ず電話を使うべき**だ。

相手はこちらに対して怒っていたり不満を抱いているわけだから、文句を直接受けたうえで誠意を込めて謝るほうが相手の気持ちも収まる。メールを送りつけただけでは誠実さが足りないと思われてしまい、相手の気持ちを逆なでする結果にもなりかねない。

また、口頭でないと微妙なニュアンスが伝わらない用件や、込み入った内容を伝える場合も、メールでは文面を考えるだけで時間がかかってしまう。お互いに細部を確認しながら話を進めるには電話のほうが適しているのだ。

ほかにも、**確実に相手に伝えたい用件があるときや、できるだけ早く返事がほしいときに**

用件によって電話とメールを使い分ける

メールで

・スケジュールの連絡
・時間や内容の変更
・急ぎではない用件

電話で

・謝罪、お詫び
・相談事
・急ぎの用件

も電話がいい。メールだと相手がチェックをして読むまでに時間がかかることも考えられるので、電話で直に伝えたほうが早くて確実だ。

一方で、メールはやり取りの内容をしっかりと残しておきたいときに使うといい。スケジュールや料金にかかわる重要な連絡などはメールにすれば履歴が残る。あとで「伝えた」「いや、聞いていない」などというトラブルに発展するのを避けることができるメリットがある。

必要があればメールを送ったあとに電話でフォローを入れるなど、それぞれを上手に使いこなせば仕事の効率も、あなたの好感度もグンとアップするはずだ。

「ながら電話」が意外と相手にバレる理由

自宅では何かをしながら長電話をする人も多いだろうが、会社の電話で厳禁なのがこの「ながら電話」である。

たしかに、電話だと相手からこちらの姿は見えない。だからといって**無関係なことをしながら電話をすれば、その雰囲気は不思議なほどに相手に伝わる**ものなのだ。

忙しいことを言い訳にして、書類を見ながら話したりメールをチェックしながら聞いていたりすれば、心ここにあらずといった対応が相手に見透かされるのは間違いない。

そんなときは、どんなに忙しくても仕事の手をいったん止めて電話に集中する。それが会社で電話をするときの最低限のマナーである。

さらに、相手が目の前にいるときのように背筋をしゃんと伸ばして話すように心がければ、声にも自然とハリが出る。真摯に対応している姿勢が伝われば、たとえ姿が見えなくても相手はこちらに好感を抱いてくれるはずだ。

「ながら電話」は雰囲気で伝わる

ええ、はい
そうですね…
ちゃんと
伝わって
いるのかな…？

相手の話を聞いているつもりでも、「ながら電話」の場合は生返事になりがち。

電話でも話をするとき
は姿勢を正して！

電話が途中で切れてしまったときの3つのマナー

取引先と携帯電話で話していたら、電波の状況が悪くてプツンと切れてしまった。こんなときはどうすれば失礼がないだろうか。

思いがけず通話が途中で切れてしまったときは、基本的には立場が下の人からかけ直すか、誤って通話を切ってしまった人からかけ直す、あるいは最初にかけた人からかけ直すという3つの対処法を覚えておくといい。

なかでも新入社員や若手社員の場合、第一に覚えていてほしいのが立場が下の人からかけ直すというマナーだ。

新人のうちであれば、電話の相手はたいてい自分よりも立場が上になる。たとえかかってきた電話だったり、相手の電波状況が悪くて通話が途中で切れてしまったとしても、こちらからかけ直すほうが礼儀にかなっている。

つまり、相手の電話番号を知らない場合を除いて、常にこちらからかけ直すという姿勢で

電話が途切れてしまったときの3つのマナー

① どちらの電話が原因でも、立場が下の者からかけ直す

② 自分のほうに非がなくても「先ほどは途中で切れてしまい失礼いたしました」と詫びる

③ 相手の番号がわからずにかけ直せなかったときは、再度電話がかかってきたときにかけ直すことができなかったことを詫びる

いれば間違いはないということだ。

電話をかけ直すときには、まず「さきほどは途中で電話が切れてしまい、失礼いたしました」とお詫びの言葉を述べてから本題に戻ろう。相手に原因があって電話が切れてしまったときでも、このひと言があったほうが相手への心遣いが伝わる。

仮に、相手の電話番号を知らずにかけ直せなかった場合は、再び電話をもらったときに「こちらからかけ直すことができず、失礼いたしました」と丁重に付け加えるといい。

こちらの対応しだいでアクシデントも好印象を抱かせる機会に変えることができるのだ。

数字の聞き間違いを防ぐ言い換え法

ビジネスでは些細な聞き間違いが大きなトラブルの元になることもある。そのため、通話中には必ず復唱して確認をするのが鉄則だが、なかでも**間違えやすい言葉は別の言い方に換えて復唱する**とミスを防ぐことができる。

たとえば、聞き間違えやすい代表的なものが、数字の「1」と「7」だ。相手は「午後1時に」と言ったはずなのに、こちらは「午後7時に」と聞き間違えることもある。

そこで復唱するときに、「午後ナナ時ですね」とか「19時ですね」と言い換えれば、「いいえ、13時です」と間違いを訂正してくれるはずだ。

ほかにも、アルファベットの「M」と「N」も聞き取りにくいので、「マクドナルドのMですね」とか「ニュースのNですね」など、わかりやすい言葉に置き換えて復唱するといい。「石川」と「西川」のような聞き間違えやすい名前も「石川県の石川様ですね」とか「東西南北の西川様ですね」と再確認すれば、相手も間違えず復唱内容を確認することができる。

聞き間違えやすい言葉は言い換える

午後1時に
変更したいと
お伝えください
13時ですね。
かしこまりました

●数字を伝えるとき

1	2	3	4	5	6	7	8	9	0
いち	に	さん	よん	ご	ろく	なな	はち	きゅう	ぜろ

●同音異語を確認するとき

かわ	川	三本がわ	くら	倉	倉庫のくら
	河	さんずいのかわ		蔵	酒蔵のくら
かがく	化学	「ばけがく」のかがく	たま	多摩	多摩川のたま
	科学	サイエンスのかがく		玉	ぎょくのたま

取り次ぐ相手が不在のときの「電話対策10カ条」

電話を取り次ぐ相手が不在のときの対応はそのときの状況によっても変わってくるが、次のステップを踏めば失敗することなく対応することができる。

まず、電話がかかってきたら、「申し訳ありません。ただいま、Aは席を外しております」と、担当者が不在であることを告げる。このとき、不在の理由については詳しく告げる必要はない。

ただし、担当者が外出中や会議中、あるいは退社後、休暇中など、長時間戻らない予定だったり、連絡がとれにくい状況にある場合はその旨をきちんと伝えよう。そのほうが、電話をかけてきた相手もこのあとどう対処すればいいのか判断しやすくなるからだ。

たとえば、「ただいま会議中で、17時には終わる予定です」とか、「ただいま外出中で、本日は戻らない予定です」など、戻る時間や状況を丁寧に伝えるといい。

そのうえで、「折り返しご連絡を差し上げましょうか」と伺いを立てて、どう対応すれば

取り次ぐ相手が不在のときの「電話対応10カ条」

1. 不在であることを伝える
2. 短時間の不在は「席を外しております」
3. 長時間の不在はその理由を告げる
4. 連絡を取ることが可能な時間を伝える
5. 折り返し連絡するかどうかをたずねる
6. 相手の名前と連絡先を確認する
7. 相手の名前と連絡先をメモして復唱する
8. 「私、○○が承りました」と伝えて受話器を置く
9. 担当者にメモを残す
10. 緊急の用件の場合は、担当者に連絡をする

いいのか判断を相手に委ねる。こうすると、「再びかけ直します」とか「伝言をお願いします」などと返答をしてくれるはずだ。

あとはその内容をメモして、かけてきた人の名前や連絡先とともに復唱し、**最後に「私、○○が承りました」と自分の名前を告げればいい。**担当者が戻ったら電話の主旨をかいつまんで伝えるだけだ。

また、緊急の電話の場合は、担当者の携帯電話に一報を入れたり、会議中であればそっとメモを渡すといった対応を求められることもある。

どうしたらいいのか困ったときは、勝手に判断せずに周囲の先輩に相談するなどして適切な判断を仰ぐといい。

電話力ドリル

質問①

会社にいるときの電話の応対として正しいものをすべて選びなさい。

A）電話は３コール以内に取る
B）相手が名乗らないときでも、しつこく聞かずにそのまま電話を取り次ぐ
C）初めての相手でも「いつもお世話になっております」と言う
D）外出している社員の個人の携帯電話番号を聞かれたら、教えてかまわない
E）不在のときは「ただいま食事に行っております」とその理由を正直に伝える

質問②

電話はかけたほうから先に切るのがマナーの基本だが、これにあてはまらないケースがある。それはどんなときだろうか。

質問①の答え…A、C
相手が名乗らない電話は取り次がないのが基本。そもそも電話は名乗るのがマナーなので、この場合は取り次がなくてもマナー違反にはならない。Dは、名刺に書いてあるなど社用の携帯電話番号なら伝えてもかまわない。Eは、食事やトイレなどは「席を外しております」と伝える。

質問②の答え…電話の相手が自分よりも目上の人だったとき
目上の人や重要なクライアントからの電話は、相手が受話器を置いたことを確認してから電話を切るほうが丁寧だ。

STEP 4

根回し力

社内でいい関係を築く「報連相テクニック」

事前にしっかり根回しができていれば、余計な摩擦が生じることもなく仕事はスムーズに進む。ビジネスパーソンにとって「根回し力」は欠かせないスキルなのだ。

どんな仕事も「NO」と言わずにうまく対処する方法

目の前にある仕事で手いっぱいなのに別の仕事を頼まれることがある。こんなときは引き受けることを迷ってしまうが、どう対応すればいいだろうか。

たとえその仕事をやりとげる自信がなかったとしても、ここですぐに「無理です」「できません」と返答をするのはいただけない。仕事では前向きに取り組む姿勢を見せることが肝心だから、断る前にどうすればその仕事をこなせるかを考えるべきだ。上司というものは消極的な部下よりも、積極的な部下を高く評価するからだ。

だからといって、何でも安易に引き受けてはいけない。結果的にできなかったではかえって評価を落としてしまう。少しでも不安や疑問があれば、引き受けたときに必ず確認しておこう。

また、予定が詰まっているためにすぐに取りかかれない場合もある。そんなときもすぐさま断るのではなく、代案を用意したうえで上司の判断を仰ぐといい。

「できません」という前に代案を考える

代案①
今日中というのは厳しいですが、明日の10時までなら
代案②
今やっている仕事と、どちらを優先しましょうか
この資料のデータを今日中に出してくれないだろうか
今日中は無理だけど…

「今日中に仕上げるのは厳しいのですが、明日の○時までならでもよろしいでしょうか」とか、「今は△△の仕事をやっていますが、どちらを優先したらよろしいでしょうか」などと打診すれば、上司も無理を強いることはないだろう。

しかも、何とかして要求に応えたいという態度を見せることで上司に好印象を与えることができる。

仕事に限らず、困難に立ち向かう姿勢を示したほうが周囲からの信頼や協力は得やすいものだ。

「NO」とばかり言っていては貴重なチャンスも逃してしまうのである。

朝寝坊をしてしまったときのうまい連絡・言い訳・謝罪

うっかり朝寝坊をしてしまって遅刻をしてしまった経験は誰でも一度はあるだろう。学生時代は大目に見てもらえたかもしれないが、社会人になって遅刻をするのは大人として失格である。

そんなときは当然、始業前に会社に連絡をしなければいけないが、少なくとも始業時間の10分前には連絡を入れること。まず上司に謝罪をしてから、遅刻の理由、そして出社できる時間を伝えるのである。

寝坊をしたとは言いづらいかもしれないが、そこはくどくどと下手な言い訳をするより正直に言ったほうがいい。「申し訳ございません。うっかり寝坊をしてしまいました。30分ほど遅れそうです」と、簡潔に伝えるだけでいいのだ。

もしも朝一番でやらなければならない仕事があった場合は、そのことを同僚や先輩に伝えて仕事が滞らないようにする。そして出社したら上司はもちろん、迷惑をかけた人にも謝罪と感謝の言葉を伝えなくてはならない。

会社に遅刻してしまったときの対応

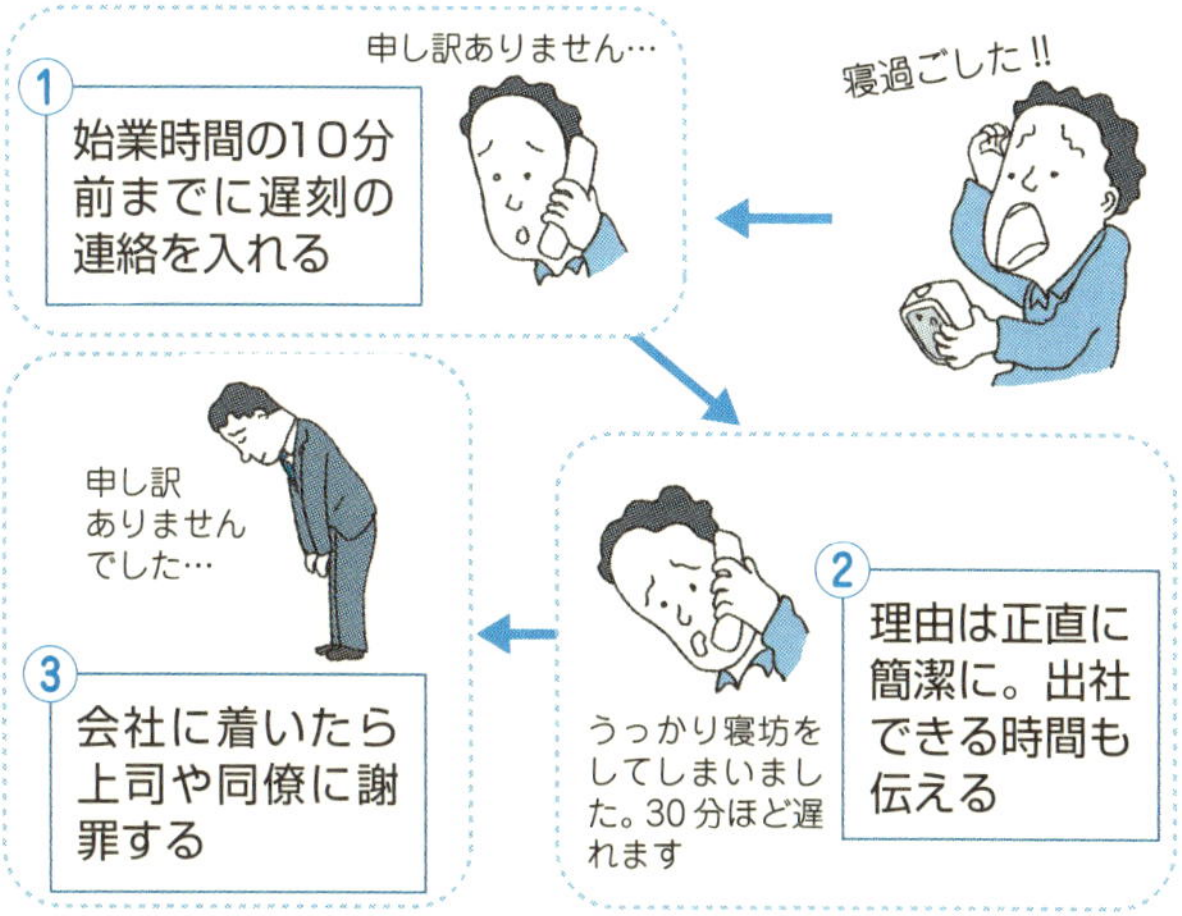
寝過ごした!!
申し訳ありません…
1
始業時間の10分前までに遅刻の連絡を入れる
2
理由は正直に簡潔に。出社できる時間も伝える
うっかり寝坊をしてしまいました。30分ほど遅れます
申し訳ありませんでした…
3
会社に着いたら上司や同僚に謝罪する

また、病気で欠勤するときも、同じように始業前に必ず上司に連絡を入れるようにする。ただし、一方的に欠勤を宣言するのはいただけない。

「突然で申し訳ありませんが、本日お休みをいただいてもよろしいでしょうか」と、上司にお伺いを立てる形にするのである。もちろんその日の仕事の予定も伝え、必要があれば対応策も相談しよう。

何がなんでも出社するのがビジネスパーソンの鏡だと思うのは間違いである。インフルエンザなど感染性の病気だった場合には、周囲の人にうつしてしまい結果的に業務に支障が出る。なお、**欠勤の連絡は家族からではなく、本人がするのが基本**である。

上司に相談する前にふまえておくべき3つのこと

社会人にとってホウ・レン・ソウ（報告・連絡・相談）は仕事をするうえで基本となるスキルだ。もちろん、まずは自分の力で解決しようと努力するべきだが、**迷ったり問題が起きたときには早めに上司に相談したほうがいい。**しかし、相談をする前に気をつけたいことがある。

ひとつは、**相談したい内容を事前にまとめておく**ことだ。何が問題なのか、どこで迷っているのかを明確にしておかないと、的確なアドバイスを受けられないからである。

また、上司の指示を仰ぐだけでなく、**自分なりの考えを準備**しておきたい。上司にしてみればいくつかの対策や解決方法を持っている部下のほうが頼りがいがあるというものだ。

そしてタイミングも大事である。緊急の仕事を片づけている最中に相談されたら、上司も落ち着いて話を聞くことができない。**時間を割いてくれそうな状況を見計らって声をかけよう。**このとき「今、お時間よろしいですか」と前置きすることも忘れないようにしたい。

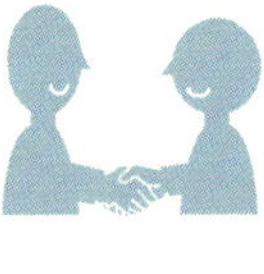

上司に相談しにいく前に…

① 抱えている問題をまとめておく

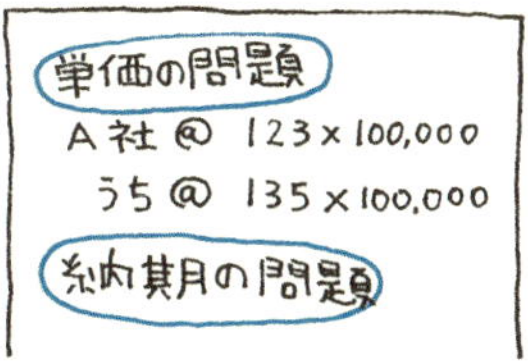
単価の問題
A社 @ 123×100,000
うち @ 135×100,000
納期の問題

② 自分なりの解決案を持っていく

こんな方法も
あるな….

③ 上司が忙しくない時間を見計らう

ええ…
あの電話が終わったら
相談に行こう

忙しい上司に後回しされずにうまく伝える技術

上司に相談や報告をしたいと思っても、忙しそうに仕事をしている姿を目の当たりにすると声をかけづらいものだ。一刻を争う問題でなければ一段落するまで待ったほうがいい。だが、どうしても急いで指示を仰がなければならないケースもある。こういうときにふだんと同じように声をかけただけでは後回しにされてしまうかもしれないので、優先して話を聞いてもらえる方法を覚えておくといい。

こんなときは、まず〝緊急〟であることを強調するフレーズを真っ先に持ってくるといい。「至急、ご相談したいことがあるのですが……」とか「○○の件で急ぎでご指示をいただきたいことがあります」といった具合だ。

緊急時に素早い対応が必要なことはいうまでもないので、いくら忙しいなかでも上司は耳を傾けてくれるはずだ。ただし、仕事の合間に割り込む形になるため、冒頭に「恐縮ですが」と、ひと言、付け加えることも忘れないようにしたい。

忙しい上司に急ぎで指示を仰ぎたいときは…

こんなときは

「至急、ご相談したいことがあるのですが…」

「○○の件で、急ぎでご指示をいただきたいことがあります」

上司におごってもらったときにすべき〝三度の礼〟とは？

社会人になれば上司と一緒に食事や酒を飲みに行く機会も増える。ときには上司がおごってくれることもあるだろう。

ごちそうになったらお礼を言うのは当たり前だが、一度言えば十分だと思っているならそれは大きな勘違いだ。

上司におごってもらったときのお礼は、3回が基本である。もちろん、立て続けに3回言えばいいというものではなく、ベストなタイミングがある。

まず、**店を出たところで1回目のお礼**を言う。そのあと**駅などで上司と別れるときに2回目の礼**を言い、そして3回目は翌日になってからになる。**翌朝、最初に顔を合わせたタイミングでもう一度お礼**を言うのである。お礼の言葉は「昨日はごちそうさまでした」でも、「ありがとうございました」でもかまわない。

たしかに1回だけでも感謝の気持ちは伝わるが、しかし、3回の礼を重ねるのが社会人と

おごってくれた上司への礼儀

1回目

お店を出たところで

2回目

駅で上司と別れるとき

3回目

翌朝、最初に顔を合わせたとき

お返しとして…

出張や旅行に行ったときにお土産を買って

しての礼儀というものである。この大人のマナーをわきまえてこそ、一人前といえるのだ。おいしかったです、いい雰囲気のお店でしたね、などとさりげなく持ち上げられればなおいいだろう。

ちなみに、何度もおごってもらったようなときには多少の〝お返し〟も心がけたいものだ。出張先や旅先でお土産を買ってくるといったことでもいいだろう。あるいは自分が知っている店に上司を招待するのもひとつの手だ。

感謝の気持ちが伝われればいいので、なにも高額でなくてもかまわない。こうした大人としての礼儀や気遣いがその後の上下関係を円滑にするのである。

長期休暇をとりたいときに効果のある「気配り」と「根回し」

仕事が忙しいと、有給休暇があってもなかなかとりづらいものだ。しかし、当然の権利だからといって、周囲の状況も考えず急に長期休暇を申し出たり、一方的に「明日はお休みします」というのは社内の人間関係を悪くするだけだ。**休暇をとるときにはそれなりの気配りと根回しが必要**なのである。

そこで、快く休暇を許可してもらうためのコツを紹介しよう。

長期休暇を計画している場合だが、**日程はいくつかのパターンを用意しておく**といい。同じ部署の社員が同じ時期に休んでは仕事に支障が出ることもあるからだ。ここはまず、今抱えている仕事の状況をみて、周囲との調整をしたうえで「○日から○日まで休暇をいただきたいのですが、よろしいでしょうか」と上司に願い出るといい。

ちなみに、**休暇中に問題が発生した場合に代わりの社員が対応できるように段取りを整えておく**のはいうまでもない。

有給休暇をとるときに気をつけたいこと

- □ 会社の繁忙期と重なっていないか
- □ 他の社員が先に休暇をとっていないか
- □ 進行中の仕事で問題があったとき、代わりに対応してくれる人がいるか

休暇後にはお礼を

また、仕事の状況によっては取引先や顧客などにも事前に休暇をとる旨を伝える必要がある。だいたい2週間前くらいに報告するのが無難なタイミングだが、「不在中は○○がご用件を承ります」と、代わりの担当者の名前と連絡先を知らせておけば先方も安心できる。

そして**休暇後には、留守中に自分の仕事を代わってくれた同僚や先輩、上司に感謝の言葉を伝える**ことを忘れてはいけない。何も高価なものでなくてもいいので、お土産を持参するとなおいいだろう。

これだけの気配りができてこそ、また次の休暇もとりやすくなる。オフの時間も満喫できるはずだ。

電車が遅れて遅刻…それでも評価が上がる連絡テクニック

時間が正確な日本の交通機関でもダイヤが乱れたり、渋滞が起きたり、飛行機が欠航することはよくある。こうしたアクシデントは避けようがないが、不可抗力だからといって遅刻しても当然と考えるのはよくない。

ビジネスパーソンならまずは遅刻をしない工夫をする必要がある。たとえば、悪天候による交通網のマヒは天気予報を見ていれば予測ができる。それを見越して**自宅を早く出たり、場合によっては会社の近くのホテルに泊まる**といった方法も選択できる。

しかし、事故で電車やバスなどの公共交通機関が遅れる場合には予測ができない。こういうときには遅刻もやむを得ないが、少なくとも交通機関の乱れによって遅刻をすることと、何時ごろに出社できそうかという連絡は入れなければならない。必要があれば鉄道会社から遅延証明書をもらい上司に提出する。**遅れた原因が自分になくても、遅刻をしたことに変わりはない。出社をしたら真っ先に謝罪をするようにしたい。**

可能性のある「交通アクシデント」

トラブルによる運行停止

車両の故障により
緊急停車します
止まった…

バスや電車のダイヤの乱れ

【ダイヤ乱れ】
○○行き運転見合わせ
電車が来ない……

事故などによる渋滞

進まない

自分に非がないトラブルでも、遅れて出社したら真っ先に謝るように！

2人の上司から異なる指示を受けたとき、どうする？

仕事をしていると複数の上司から別々の指示を受けることがある。どちらを優先すべきなのか迷ってしまうところだが、基本的なルールをおさえておけばスムーズに対応できる。

一般的に会社の中では、地位が上の者の指示が優先される。しかし、**直属の上司である課長と、同じ部署の部長の指示が重なってしまった場合には、まずは直属の上司に相談するのが先**だ。

「部長から○○の指示を受けたのですが、どちらを先に進めたらいいでしょうか」といった具合に、まず課長に確認をとるのである。いくら部長のほうが地位が上でも、こういった〝ルール〟を厳守することが社内の人間関係を円滑にさせるのだ。たしかに自分にとってはどちらも上司だが、だからといって双方の指示を同時に受けるのは禁物である。

オーバーワークはそれだけでミスにつながるし、どちらの仕事も中途半端になる恐れがある。結果的に、どちらの上司にも迷惑をかけることになるだろう。

社員旅行は評価を一気に上げるチャンスである

社員旅行は社員を慰労する会社の年中行事だとはいえ、ただ浮かれて騒いでいればいいというものではない。むしろ、いつも以上に気を引き締めた振る舞い方が要求される。そこで旅行中のマナーを心得ておこう。

たとえば、**宴会で無礼講だと言われても、これはあくまでも建前**だと思ったほうがいい。仕事の不満をぶちまけたり、酔って上司にからんだり、あるいは異性に馴れ馴れしくするなどの行為は言語道断である。それよりも酒はほどほどにして、飲み物や食べ物が足りているかといった気配りをしたい。ちなみに、**お酌は役職の高い人から順番にする**のが礼儀だ。

また、**ベテラン社員を差し置いて自分だけ先に寝てしまうのもいただけない。**周囲の様子を見ながら協調性のある行動をとるべきで、幹事が忙しそうにしていたら積極的に手伝う姿勢も大事である。小さな振る舞いでも上司や先輩にチェックされていることがあるから、くれぐれも気の緩んだ行動をとらないようにしたい。

根回しカドリル

質問①

事故で電車が遅れてしまい、取引先での打ち合わせ時間に間に合わなくなってしまった。乗り換えがスムーズにいけば遅刻は20分で済みそうだが、到着時間を先方に連絡するときに適切な言い方は次のどちらだろうか。

A）少しでも印象をよくするために、遅れるのは20分だと伝える
B）万が一のことを考えて、余裕をもって30分だと伝える

質問②

来週の会議で、あなたは新商品のキャンペーン企画を提案することになった。以前から温めていた企画なのでプレゼン用の資料はすでに仕上がっている。さて、企画を通すためには会議までにどんな根回しをしておけばいいだろうか。

質問①の答え…B
Aのように最短の時間を伝えたい気持ちはわかるが、乗り換えが必ずしもうまくいくとは限らない。遅刻したうえに、連絡した時間よりもさらに遅れてしまったときの気まずさを考えたら、少し余裕をもった時間を伝えておきたい。そうしておいて、予定よりも早く着いたと思わせるほうが相手に与える印象はいい。

質問②の答え…企画のポイントを上司や同僚に前もって伝えておき同意をとっておく
大切なのは、多くの人をいかにして自分の意見に巻き込んでおくかだ。そこで、会議の参加者に企画のポイントをまとめたメモなどを見せて、事前に同意やアドバイスをもらっておく。見せるのはメモ程度で十分だ。企画を前もって見ていた人は、アドバイスをした手前もあり、反対しづらいものなのだ。

STEP 5

接客力

商談・交渉がすんなりまとまる「雰囲気」のつくり方

不愉快な思いをさせず、相手の心をガッチリつかむためにはどう振る舞えばいいか。さりげなく、もてなしの心を伝えることができる接客の極意とは。

場の雰囲気が格段によくなる お茶とお菓子の供し方

「お茶出しも仕事のうち」などと聞くと時代錯誤だと思う人もいるかもしれないが、相手が取引先や得意先であれば、その重要性はいわずもがなである。**お茶の出し方ひとつで契約の旗色まで変わるかもしれないのだから、ここは粗相のないようにしたい。**

ひとくちにお茶といっても、ただ茶葉に湯を注げばいいというものではない。日本茶の場合は、湯をいったん茶碗に入れて温度を下げることを覚えておこう。なにも高級な茶葉でなくても、それだけで香りが立ち、味もよくなる。もちろん熱いお茶にこだわらず、夏場なら冷たい麦茶や緑茶を出すと喜ばれるはずだ。

準備ができたら、お盆に人数分の茶たくと茶碗を乗せて応接室へ向かう。このときは当然ノックをするわけだが、お盆を持っているのでそこは慎重に扱いたい。

そして、ひとつずつ茶たくに乗せたら上座にいる人から順に出していく。コーヒーの場合は持ち手を飲む人から見て左側にして出すのが一般的だ。いずれの場合も茶器の柄が正面に

お茶の出し方と順番

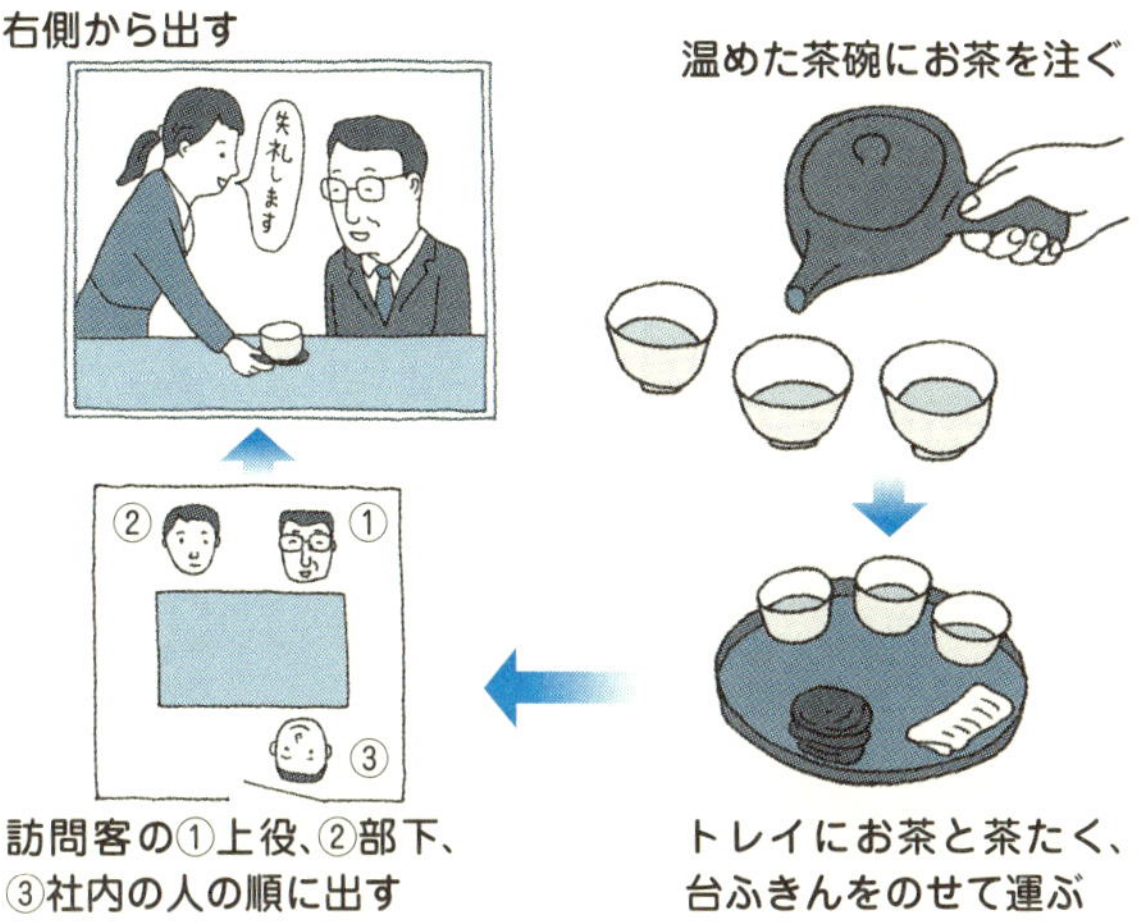
温めた茶碗にお茶を注ぐ
トレイにお茶と茶たく、台ふきんをのせて運ぶ
訪問客の①上役、②部下、③社内の人の順に出す
右側から出す
失礼します

くるように向け、相手の右側から出すようにする。

また、茶菓子もあわせて出す場合は、お茶より先に菓子をセットする。この場合は、おしぼりを用意するとよりいい。出し終わったら「失礼しました」と会釈し、速やかに退出する。これがお茶出しの一連の流れだ。

とはいえ、応接室の環境や客の状態によっては、手順の通りにいかないこともあるので、そこは臨機応変な対応が必要になってくる。いずれにせよ、**お茶もお菓子も相手に対する「もてなし」の形のひとつなので、仕事だからと割り切らずに心をこめて供したい。**

意外と知らない「エレベーターの席次」って？

社会に出たら必ず押さえておくべき常識のひとつに、応接室やタクシー、宴会場などの「席次」があるが、じつはエレベーターにも席次があることはあまり知られていない。

オフィスビルや商業ビルでは、先客がいるケースも多く席次どころではないが、ここぞという場面で恥をかかないためにも頭に入れておくといい。

エレベーターでは操作盤の位置の左右にかかわらず、入って左奥が上座である。そして**二番目が右奥で、操作盤の前が下座、その反対側が三番目**となる。

したがって、無人のエレベーターで来客を案内するときは、エレベーターホールで▲▼ボタンを押したまま、先に来客を乗せ、上座から順に案内する。自分は最後に乗って操作盤の前に立ち、目的の階に到着したら、やはり上座から順に降りてもらうように促せばいいのだ。

先客がいても基本は同じだが、もしも乗っているうちに混み合い、自分が先に降りなくては都合が悪いような場合は「お先に失礼します」と言って先に出るのがスマートである。

"エレベーターの上座"は「奥の左側」

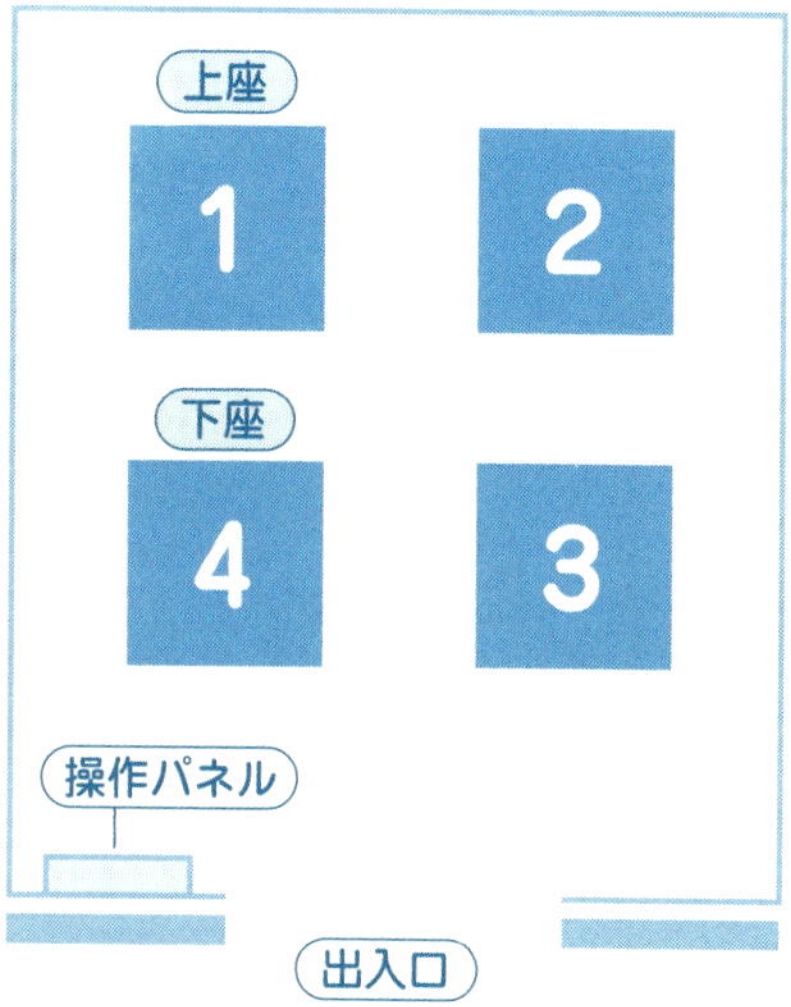

エレベーターに乗り込むときも降りるときも、ボタンを押して来客や上司を先に通し、最後に出入りするようにすれば失礼にならない

もらった名刺はどこに置く？いつしまう？

来客を相手にする場合は誰でも緊張するものだが、慣れないうちはついマナー違反を犯すというパターンがよく見られる。

たとえば名刺交換が終わったあと、もらった名刺をさっさとポケットや名刺入れにしまったりする人がいるが、これはいただけない。

名刺交換をして着席したらまず**テーブルの上に名刺入れごと置き、相手の名刺をその上に乗せておく**ようにする。**相手が複数いる場合は、座っている順に並べておく**と名前と顔が一致しやすく、会話中に名前を失念する心配もない。

用件が済んで席を立つときはそのまま名刺入れに収めてもいいが、もう一度「こちら、頂戴します」と名刺を持ちながら声をかけるとさらに礼儀正しい印象を与えることができる。

名刺の扱いは相手への敬意を意味する。ぞんざいにすれば、相手は自分までぞんざいに扱われたように感じて不快感を覚えるので気をつけたい。

一度に複数の名刺をもらったときは…

座っている順に名刺を並べておくと顔と名前が一致する

客を応接室に案内するとき、いったいどこを歩けばいい？

たとえば上司への来客があり、自分が取り次いで応接室へ案内することになったとしよう。こうした場合に悩んでしまうのが、自分が先に歩くのか、客の後ろを歩くかだ。とくに相手が明らかに目上の場合、前を行くのは僭越《せんえつ》な行動に感じてしまいがちだが、このようなケースでは自分が前を歩くのが正解だ。

まずは**「こちらへどうぞ」と声をかけ、移動し始めたら相手には通路の真ん中を歩いてもらい、自分はその少し前の右側を歩く**ようにする。曲がるときは「こちらです」などと方向を手で指し示すとより親切だろう。

また階段やエスカレーターから降りるときは、上りであっても下りであっても「お先に失礼します」と声をかけ、やはり客の前へ出るのが一般的なマナーである。

歩き慣れたオフィスではつい歩くスピードが速くなり、客が足早に後をついてくることがあるので、ときどき振り返って相手の様子を確認するようにしたい。

初対面の相手とも話が面白いように広がる返事の仕方

よほど物怖じしない性格の持ち主ならともかく、初対面の相手との会話はたいていの人がぎこちなくなるものだ。

お互いを探り合っているうちはどうしても会話が途切れたり、なんとなくシラーッとした空気が漂ってしまう。だが、ちょっとしたコツで**会話をキャッチボール状態にできる方法がある。それは、返事を「YES」か「NO」だけで終わらせないようにすることだ。**

たとえば「最近は飲みに行かれてますか?」と聞かれたら、「はい」や「いいえ」だけでなく「先週久しぶりに行きました。○○さんはいかがですか?」と付け加えて返す。そうすれば相手は「週1くらいですね」などと返答してくる。そうしたら「いいですね。いつもどのあたりで飲まれるんですか?」というように聞き返し、話題を広げていけばいいのである。

つまり、**相手の問いかけに答えるときは返事だけをするのではなく、それに関連した〝質問返し〟をする。**そうすれば、おのずと会話は間を空けずに続いていくというわけだ。

取引先の上司と自分の上司が対面、さて誰から紹介すべき？

自分が担当する取引先へ上司を伴って出向いたとする。すると応接室では顔なじみの担当者と、以前名刺交換をしたことがある担当者の上司が一緒に待っていた……。

こんなシチュエーションでは、全員と顔見知りであるあなたが紹介役を買って出なくてはならない。いったいどのような順番で紹介していけばいいのか迷うところだが、紹介のしかたにもルールがあるので覚えておこう。

紹介するときの原則は「自分から見て敬意を表すべき人をあとにする」というもの。具体的には、**目上の人へ目下の者を、他社の人に自社の者を、そして訪問先の人に同行した者を紹介するのが基本**である。

つまりこのケースでは、まず先方の上司に「こちらは私の所属する部署の部長の○○でございます」と紹介し、次に自分の上司に対して「こちらがご担当の△△さんです」「こちらが△△さんが所属されている部署の□□部長です」と、相手の担当者と上司を紹介するのが

紹介は内→外、先方の上役は最後に

②
③
取引先の担当者 B
担当者の上司 A
こちら弊社の部長のCです
C部長、こちらが担当のBさんとA部長です
①
自分の上司 C

正しい順序だ。

また、自分が紹介される側になったときは、仲介者が紹介を終えるまでは口を挟まず、紹介が終わったらにこやかにお辞儀をしよう。そして名刺を取り出して改めて名乗り、名刺交換に移る。

ビジネスにおける紹介は人と人をつなぐ縁を意味する。もしも、パーティーなどで取引先の担当者などに他社の人を紹介されたら、あとで担当者に「ご紹介いただきありがとうございます」とお礼を述べるのが礼儀だ。

機会があれば、今度は自分も同じように人の縁をつなぐ役割をするといいだろう。

会議室のドアをノックするときは、2回？　それとも3回？

日本にはもともとノックの習慣はないが、住宅事情が変わり洋室の占める割合が多くなったせいか、自宅でも外出先でもノックをすることに抵抗がないという人は増えているだろう。

そこで、気にしてほしいのがノックの回数である。一般的にコンコンとドアを2回叩く人が多いが、じつはこれをオフィスの会議室などでやるのは厳密にいえば間違いである。というのも、**2回のノックはトイレのドアをノックするときのマナー**だからだ。

じつは、**欧米における正式なノックの回数は4回**である。だが、ノックに不慣れな日本人にとって4回は長く、叩かれたほうもしつこいと感じてしまう。そこで**日本式のビジネスマナーでは3回に略していい**ということになっている。

力加減が強すぎると怒っているようで中の人に失礼だし、控えめにしようとして弱すぎると相手に気づいてもらえない。適度な力で軽快にノックをするのは意外と難しいので、ふだんから練習しておくといいかもしれない。

相手の顔を一瞬で覚える「ファーストインプレッション記憶法」

人間には誰にでも得手不得手があるが、記憶力も個人差が出やすいもののひとつだ。人の顔や名前が一発で頭に入る人がいる一方で、何度会ってもさっぱり覚えられない人もいる。だが、社会に出て「どうも記憶力が悪くて」は言い訳にならない。同じ人に何度も「はじめまして」と言っていては人間性まで疑われてしまう。

そんな人には、記憶力の達人がよく使う裏ワザを紹介しよう。その裏ワザとは、簡単にいえば**個人の特徴と名前を結びつけて覚える**というやり方である。

人間には体形や姿勢、頭髪、声、話し方、そして物腰など、第一印象として残る特徴が何かしらあるものだ。それを名前とセットにして覚えるのである。たとえば、あごひげをたくわえて金ぶちメガネをかけている大男の○○さん、といった具合だ。実際、ホテルマンなどサービス業に従事している人は、こうした記憶術を実践しているケースが多い。

ちなみに、相手と別れたあとに名刺の裏側などに特徴を書き留めておくのも一案だ。

商談中に絶対してはいけない話題とは？

まだ気心が知れていない相手とは、なんとかして会話の糸口を見つけたいと模索するものだ。だからといって何でも思いついたことを話のネタにすればいいかといえば、そんなことはない。**社会に出たら注意したい「会話のタブー」**がいくつかある。

たとえば他人の悪口や自慢話、相手が興味がなさそうなマニアックな話をするのはどんな場面でもよくないが、ことビジネスに関しては、**必要以上にプライベートに踏み込む話題に注意**しなくてはならない。

とくに宗教や政治の話は、個人のポリシーや生き方にかかわる部分であり、ささいなことから衝突を招きやすい話題なのでタブーとされている。

また同じ理由で、贔屓《ひいき》にしているスポーツチームの話をしないという人も多い。たとえば何気なく出したプロ野球の球団名が、相手が大好きな球団のライバル球団であれば、それだけで両者の間によからぬ雰囲気が生まれる恐れがあるからである。

ビジネスで避けたい話題

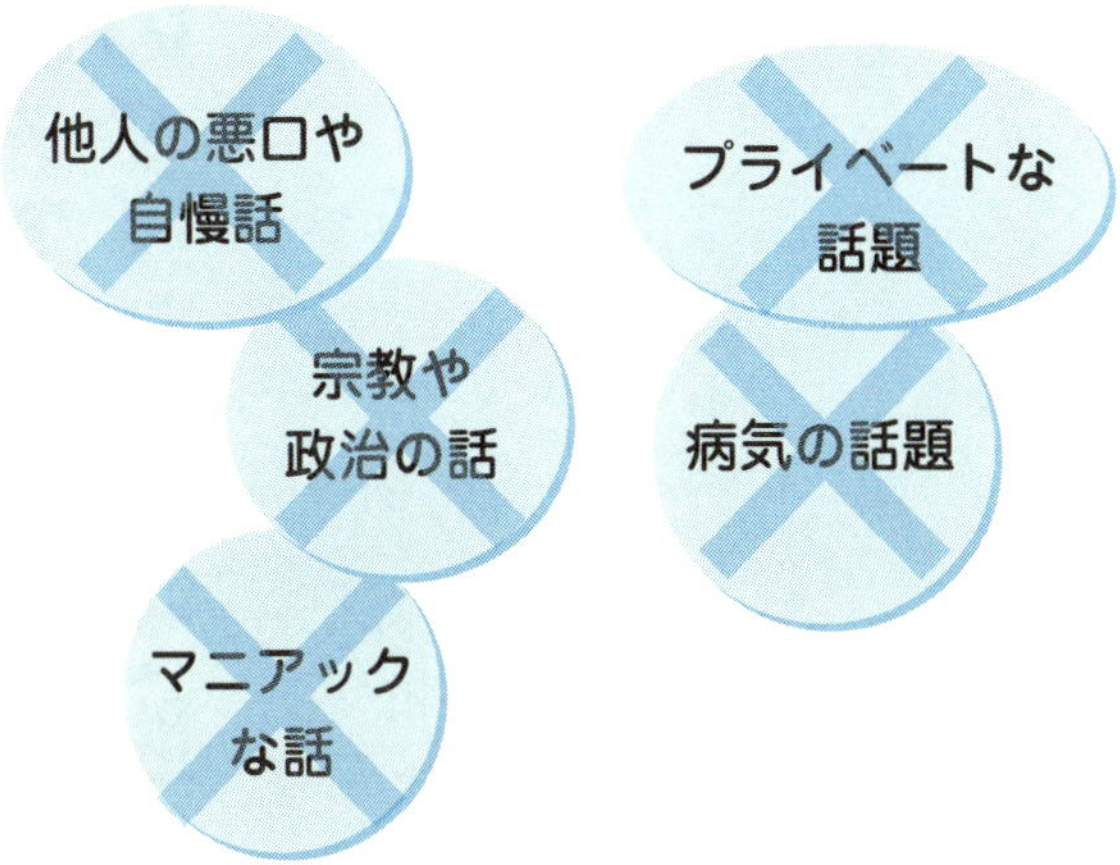

それから、友人同士ではよく自分の病歴や事故歴などを話のネタにし、相手にもうっかり聞いてしまうようなことがあるが、これもビジネスの会話としては避けるべき話題だろう。内容そのものが暗いし、万が一相手やその身内が同じ病気だったとしたら、シャレでは済まないからだ。

よく天気の話は害がないというが、そればかりでは芸がない。たとえば、趣味や休日の過ごし方を聞いたり、あるいは景気や業界動向など社会情勢の話題を持ち出せば相手も話しやすいだろう。

いずれにしても、最初のうちは対立を招かない共通の話題で様子をうかがうのがコツだ。

訪問先でコートはどのタイミングで脱げばいい？

冬場はスーツの上からコートやマフラーを着用することが多いが、取引先など訪問先ではどのタイミングで脱ぐのが適切かご存じだろうか。

これはズバリ**「訪問の直前」が正解**である。**ドアをノックして直接部屋に入るようならドアの前で、オフィスの受付を通して面会を求めるなら受付をする前に脱いでおき、きれいにたたんで手にかけて持っておく**のである。

ときどき、コートをあらかじめ脱いでおくのはマナー違反だという人がいるが、それは欧米のビジネスマナーである。靴を脱ぐ習慣がない欧米では、コートを脱ぐことが入室のサインになる。そのため、先にコートを脱ぐと「早く中へ入れろ」と催促しているようにもとれるからだ。

しかし、日本では前もって脱いでおくのが一般的な常識である。コートやマフラーを着用したままでは、いくら丁寧に振る舞っても常識を疑われかねないので気をつけたい。

訪問先でコートを脱ぐタイミング

ビルの玄関
① 玄関脇でコートを脱ぎ
② コートを軽くたたんで腕にかけて
③ 受付へ
1時に○○様とお約束を…
受付

訪問先で待つ間にしてはいけないタブーとは？

「品格」という言葉が見直されて久しいが、**誰も見ていないところでどういう振る舞いをするかも品格の重要な要素**ではないだろうか。

たとえば、取引先の企業を訪問して応接室で待たされる場合がある。こんなとき人目がないからといって気を抜いていると、思わぬ失態をさらしてしまうことがある。

なかでも意外とやってしまうのが、勧められる前に上座に座ることである。たしかに訪問先では自分が上座になるが、自ら座るのはいささか品のない行為だ。担当者が来るまで立ちっぱなしで待つ必要はないが、**座るならあえて上座以外の席を選ぶ**べきである。

同じように**勝手にコート掛けやハンガーを利用するのもいただけない**。着たままで待つのは論外だが、**勧められるまでは、ひざやカバンの上に置く**ようにしよう。

また、空いているイスに荷物を置いたり、勝手に資料を広げたりするのも避けたほうがいい。すべては担当者が来てから行うべきで、それまでは静かにじっと待つようにしたい。

応接室に通されたときのタブー

「おかけになってお待ちください」と言われたら、入口に近い席に座る

すすめられていないのに上座に座ってしまう

勧められるまではコートやカバンなどは、自分のひざの上にのせ、静かに待つ

勝手にコートをハンガーにかけたり、空いている席にカバンや荷物を置く

お店、和室、車の中…二度と迷わない席次のルール

あらゆる場面で気を使わなくてはならないのが席次だが、いつもマニュアル通りとは限らない。そんなときは柔軟な対応力が必要になってくる。

原則として、上座は出入口から最も遠い席だが、気にかけておきたいのが、上座が必ずしも居心地のいい席だとは限らないということだ。店の構造や相手の体型によっては座席が狭かったり、眺望や冷暖房の条件が悪い場合もある。

そのときは**迷わず最も快適だと思われる席を勧めよう。**「こちらの席のほうが眺めがいいので」とか「暖かいですから」など理由を添えれば、マナーを知ったうえでの気遣いであることが相手にもきちんと伝わるはずだ。ただし和室の場合であれば、教科書どおりに床の間の前が上座だと認識しておけばまず間違いないだろう。

車なら、タクシーの場合は運転席の後ろが上座だが、自家用車の場合は助手席が上座になる。ただし降りる順番や料金の支払いのときなどは臨機応変に対応するようにしよう。

基本の席次と“変則ルール”

和室

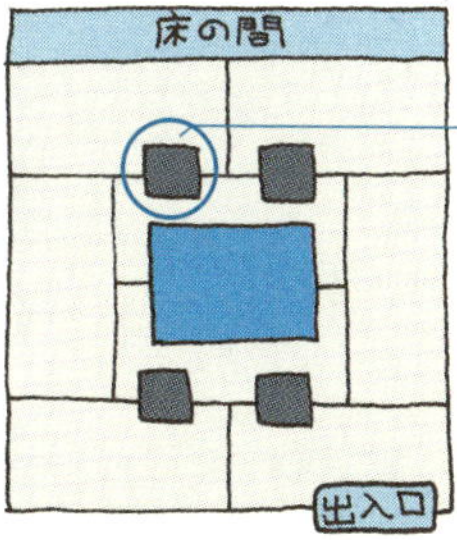

床の間を背にして座る奥の席が上座

テーブル席

入口から遠い、壁側の席が上座

ただし

壁側が美しい風景を眺める窓になっている場合は、逆でもよい

車

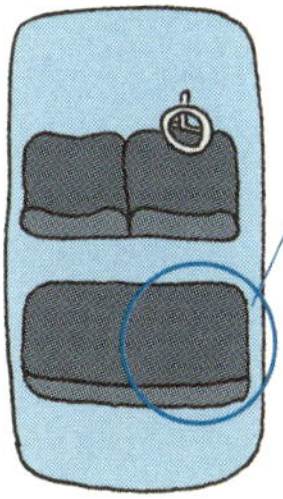

タクシーは運転席の後ろが上座

ただし

乗用車の場合は、助手席が上座になる

よりスマートな名刺交換の「最新ルール」とは？

社会人の大事なビジネスツールといえば名刺だが、初対面での名刺交換は人間関係の第一歩ともいえる。それだけに、つまらないミスで信用を失うようなことだけは避けたいものだ。

とはいえ、その流儀も時代の移り変わりとともに変化している。

たとえば、これまでは目下または訪問した側から名刺を差し出すのが礼儀だとされていた。しかし、実際に名刺交換の場に居合わせればわかるが、**最近では同時に差し出すケースがほとんど**である。もちろん、この行為に眉をひそめられることもまずない。

つまり、名刺交換については「同時に出してOK」というのが昨今のスタンダードだと考えていいだろう。

ビジネスマナーの基本では名刺は両手で渡すのが正しい作法だが、**同時に差し出した場合の名刺交換は、右手で自分の名刺を持ちながら「はじめまして。○○社の○○と申します」と名乗り、相手の左手に置くようにして渡す**といい。そして、**相手の名刺を受け取ったらす**

同時に名刺交換するときのルール

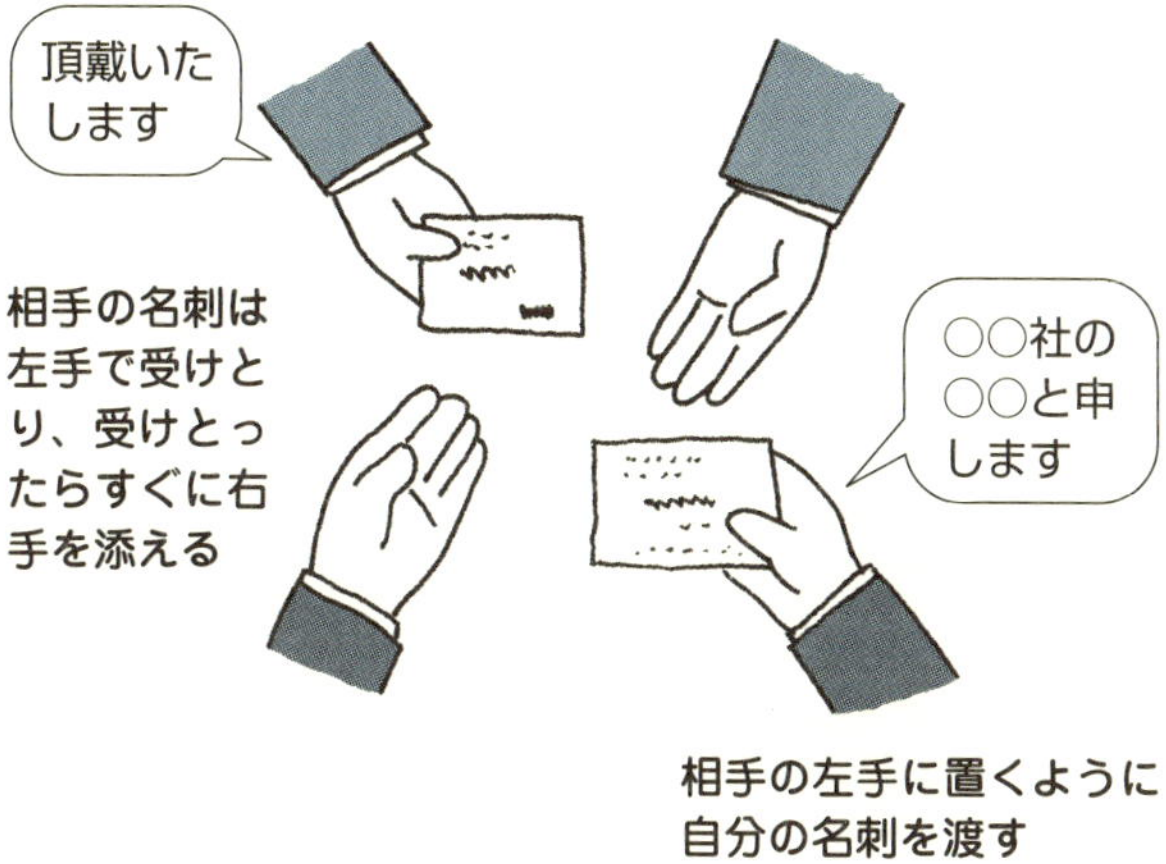
頂戴いたします
相手の名刺は左手で受けとり、受けとったらすぐに右手を添える
○○社の○○と申します
相手の左手に置くように自分の名刺を渡す

ぐに「頂戴します」と右手を添えるのだ。

ちなみに名刺を受け取ったら、書かれている内容には必ず目を通すようにしたい。もしも読めない字があれば、裏側にローマ字併記がないかどうかを確認したうえで、「恐れ入りますが、お名前はなんとお読みするのですか」と尋ねるといい。珍しい名前であればそれがコミュニケーションをつくるきっかけになることもあるからだ。

また、うっかり名刺を切らせてしまった場合は正直に事情を話して謝るしかない。あとで郵送するのがせめてものフォローだが、どんな事情があったとしても印象はよくないので、人と会う前には枚数の確認を怠らないようにしたいものだ。

質問

以下の話題を、訪問先などで初対面の相手と会話をするときに使える話題と避けたい話題に分けなさい。

「宗教」「天気」「政治」「その日のニュース」
「会社の経営状況」「ライバル企業の話」
「グルメ」「プライベートな話」
「訪問先のオフィスを褒める」「好きな野球チーム」

使える話題

避けたい話題

使える話題：「天気」「その日のニュース」「グルメ」「訪問先のオフィスを褒める」

避けたい話題：「宗教」「政治」「会社の経営状況」「ライバル企業の話」「プライベートな話」「好きな野球チーム」

STEP 6

マナー力

慶弔時、自宅訪問…失敗しない「振る舞い方」

知っているようで意外と知らないのが公の場でのマナーだ。社会人が確実に身につけておきたい、どこに出ても恥ずかしくないマナーの基本とは。

結婚式や葬式の「水引」はどう選べばいい？

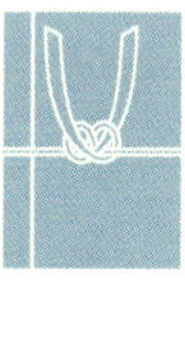

冠婚葬祭に欠かせないものといえばのし袋だが、その種類は使い道によってさまざまに分かれている。

大きな違いは水引《みずひき》の色と形だ。市販品の多くはあらかじめ用途別に販売されているので選び間違うことはほとんどないが、いざというときのために意味を知っておこう。

まず、水引は結び方に特徴があり、大きく「結び切り」か「蝶結び」のふたつに分けられる。

結び切りは結び目が固くほどけないため「二度と繰り返さない」という意味を持つ。したがって結婚や葬儀、お見舞いはこちらを使う。ちなみに真ん中に輪をふたつ作り、結び目を固くした「あわじ結び」も、結び切りの一種である。

色は結婚祝いが紅白か金、香典は白黒や銀になる。お見舞いの場合は紅白でもいいが、抵抗があれば水引は省略してもいい。火事や災害のお見舞いに関しては、水引はつけずに白無

水引の種類と意味

結び切り（あわじ結び）	蝶結び
結び切り  あわじ結び 	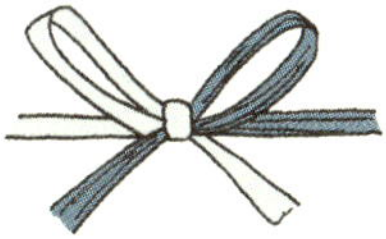
「二度と繰り返すことのないように」との願いが込められている	「何度繰り返してもよい」という意味が込められている
結婚祝い、葬儀、お見舞いなど	**結婚以外の慶事**

地の封筒のみを用意しよう。

一方、**蝶結びは結び目が簡単にほどけるため、何度あってもうれしいお祝い事に使われる。**

たとえば出産祝いや七五三のお祝い、新築祝いなどで、ほかにお中元やお歳暮といった一般的な贈答にも適しており、色は基本的に紅白のみとなる。

地方によって冠婚葬祭の儀式に差があるように、水引にも地域ごとの風習がある場合もあるが、結婚と葬儀に関しては結び切りを選べば間違いはない。

とくにこのふたつは公私にわたって何度か経験することになるので、水引の意味も含めてしっかり覚えておこう。

宛名を連名で書くときは「様」を何個書けばいい？

いずれは、日ごろお世話になっている人から結婚のお祝いをもらうこともあるだろう。こんなときには、口頭ではなく手紙で礼状をしたためることをおすすめする。

昨今は何でも携帯電話やメールで済ませる傾向にあるが、こうした節目のときくらいはきちんとした形で感謝の気持ちを表したいものだ。

ところで、お礼の宛名が夫妻である場合、名前は両方書いているのに「様」はひとつに省略して書く人がいるが、これは間違いである。

たしかに夫婦は世帯としては1組だが、名前はあくまで個人のものだ。**様をひとつしか付けないということは、もう一人は呼び捨てにしているようなもの**なので失礼きわまりない。これは年賀状や招待状でも、また縦書きか横書きかを問わずに同じことがいえる。

ちなみに、「山田一郎様」と書いたうえで横に「奥様」とするのはマナー違反ではない。相手が家族全員であれば「山田家ご一同様」といった書き方にするといいだろう。

連名の宛名には一人一人に「様」をつける

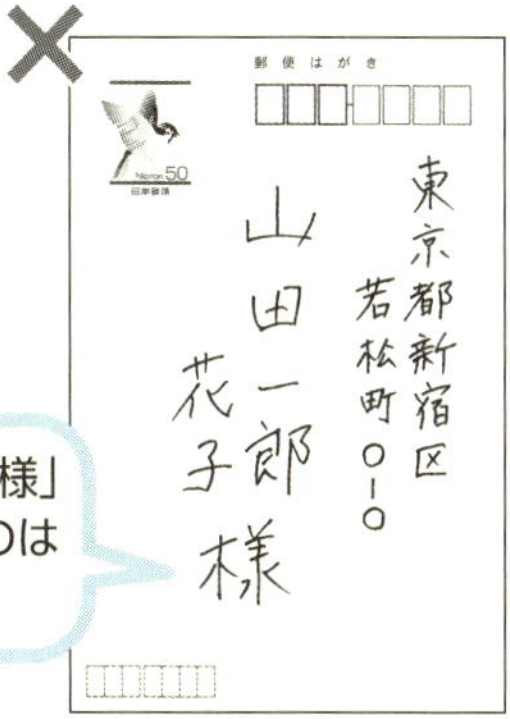
郵便はがき
東京都新宿区
若松町0-0
山田一郎
花子様

ひとつしか「様」を書かないのは失礼！

郵便はがき
東京都新宿区
若松町0-0
山田一郎様
奥様

家族の名前がわからない場合は、「奥様」や「ご一同様」でも失礼にならない

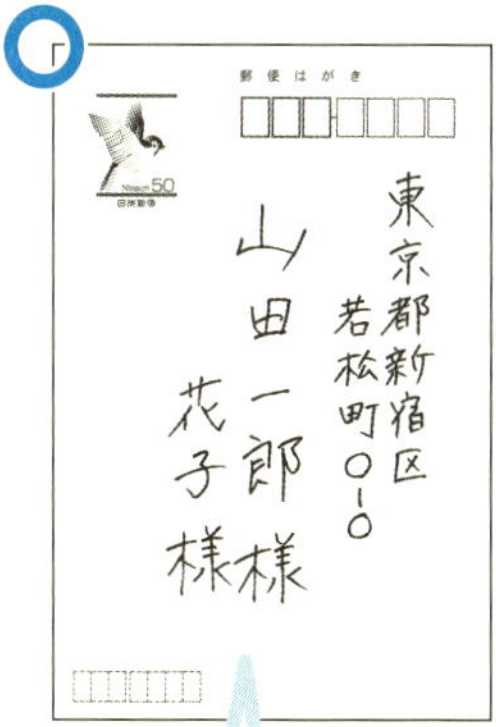
郵便はがき
東京都新宿区
若松町0-0
山田一郎様
花子様

一人一人の名前に「様」をつける

ビジネス封書の宛名、役職名に「様」はつけるべき？

社会に出れば一度は経験するのが、仕事の資料や請求書などを郵送するときの宛名書だ。友人に出す年賀状などとは違い、そこには明確なルールがあるので頭に入れておきたい。

仕事で使う封書の特徴といえば、住所と社名にはじまり、部署名や肩書き、そして氏名と、とにかく表書きとして書く情報が多いことだ。とくに手書きの場合はどのようにバランスをとればいいか悩むところだが、住所も部署名もキリのいいところで改行して、真ん中に氏名がくるようにレイアウトする。このとき、**氏名をやや大きめに書くと全体が引き締まる。**

たまに株式会社を㈱と省略して書く人がいるが、これは相手を軽んじている印象を与えるのでやめたほうがいい。相手が企業や部署宛なら社名の下に「御中」と入れよう。また、個人名に「部長」などの肩書きを入れる場合は、**役職名を氏名の前に置き「～部長山田太郎様」とする。**「山田部長様」という表現は敬称が重複するので正しくない。

あらたまった文書は「封」あるいは「緘《かん》」の文字で封締めするとより丁寧になる。

ビジネス封書の表書

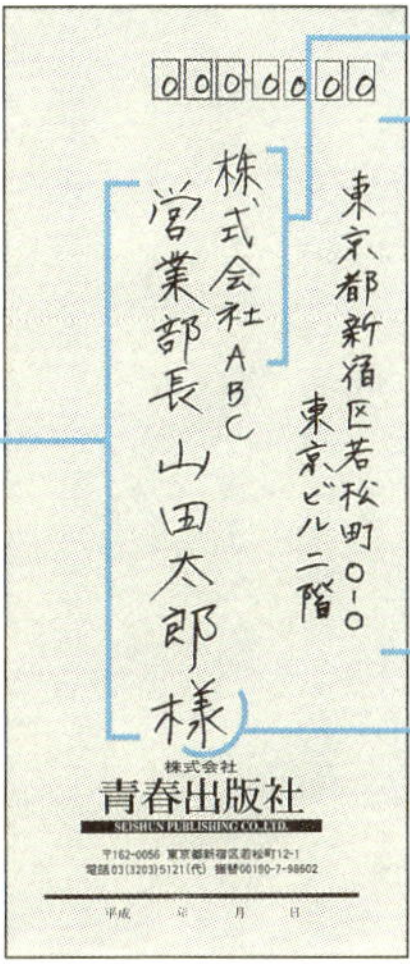
0000000
東京都新宿区若松町0-0
東京ビル二階
株式会社ABC
営業部長 山田太郎様
株式会社
青春出版社
SEISHUN PUBLISHING CO.,LTD.
〒162-0056 東京都新宿区若松町12-1
電話03(3203)5121(代) 振替00190-7-98602
平成 年 月 日

（株）と略さない

住所は宛名より小さく書く。住所が長い場合は、適当なところで分けて2行にする

宛名は中央にくるようにする。社名や肩書は、名前よりも小さく書く

担当者宛に出すときは「様」、会社や部署宛に出すときは「御中」と書く

〈裏〉

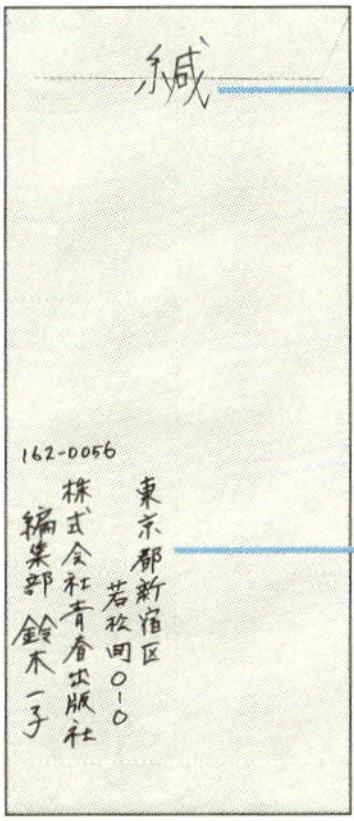
緘
東京都新宿区
若松町0-0
株式会社青春出版社
編集部
鈴木一子
162-0056

改まった文章には封じ目に「封」または「緘」と書く

自分の会社の住所、社名、部署名と名前を書く

何人かで祝儀袋を出すとき、名前はどう書く？

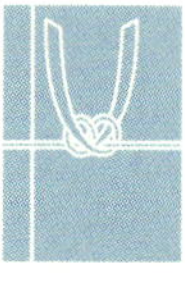

仕事仲間の慶弔には何人かでまとめてお祝い金や香典を出すことがある。そのとき、のし袋の表書きをどのようにするかは悩むところだが、これにはいくつか書き方のパターンがあるので丸ごと覚えてしまおう。

まず、**個人名を書く場合は３人まで**とし、立場や年齢が上の人の氏名から順に右側から書いていく。**４人以上であれば代表者１名を書き、横に「他○名」や「外一同」と添えて、別紙に全員分の氏名を書いたものを同封する**のが一般的だ。

日ごろ交流のない相手や氏名に同姓同名が多いと思われるときは、社名を併記するのが望ましいが、その場合は社名を氏名の横に少し小さい文字で書くといいだろう。

また、部署全員で出す場合は「株式会社○○　営業部一同」とし、やはり別紙に全員の氏名を書いたものを同封する。

字の上手い下手よりも、できるだけバランスを取りながら丁寧に書くことが大事だ。

連名による祝儀袋の書き方

3名までの場合

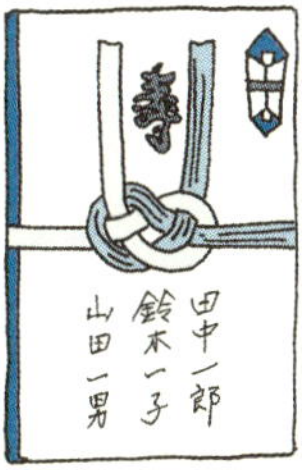

右から年齢や役職の高い順に並べる

3名以上の場合

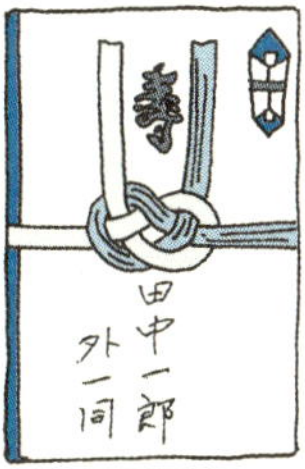

人数が多い場合は、代表者名と「外一同」と書き、全員の名前を記した別紙を同封する

部署全員で出す場合

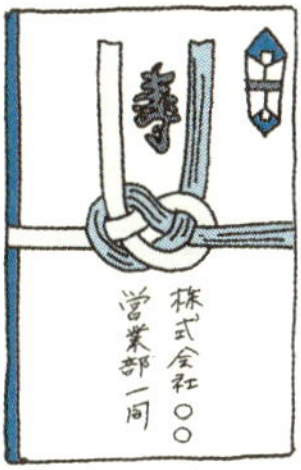

社名と部署を書き「一同」として、別紙に全員の名前を記して同封する

交流のない相手に出す場合

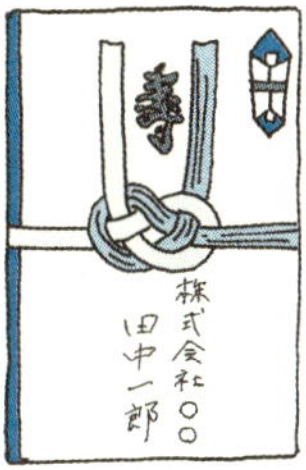

名前の右横に社名を記す

上司の代理で葬儀に参列するときのマナーと作法

役職のあるビジネスパーソンほど、常に職場に数珠や香典袋といった弔事の用意をしているものだ。もちろん、誰かの不幸を望む気持ちがあるわけではなく、仕事のつき合いが増えればそれだけ弔事に参列する機会が多いからである。

しかし、ときにはやむを得ない理由で上司が参列できず、あなたが代理を命じられることがあるかもしれない。その場合は、上司や会社を代表して行くことになるので、社会人として恥ずかしくないよう振る舞いたいものだ。

企業の葬儀でもプライベートの葬儀のマナーと基本的に同じである。参列するのが通夜であれば喪服でなくてもかまわないが、**派手なネクタイをしているときははずして地味なものに替える**ようにしたい。

受付では「このたびはご愁傷様です。○○社の△△の代理で参りました」と告げてから、香典と一緒に上司の名刺を渡すと相手にもわかりやすい。このとき、自分の名刺は求められ

代理で葬儀に参列するときの注意点

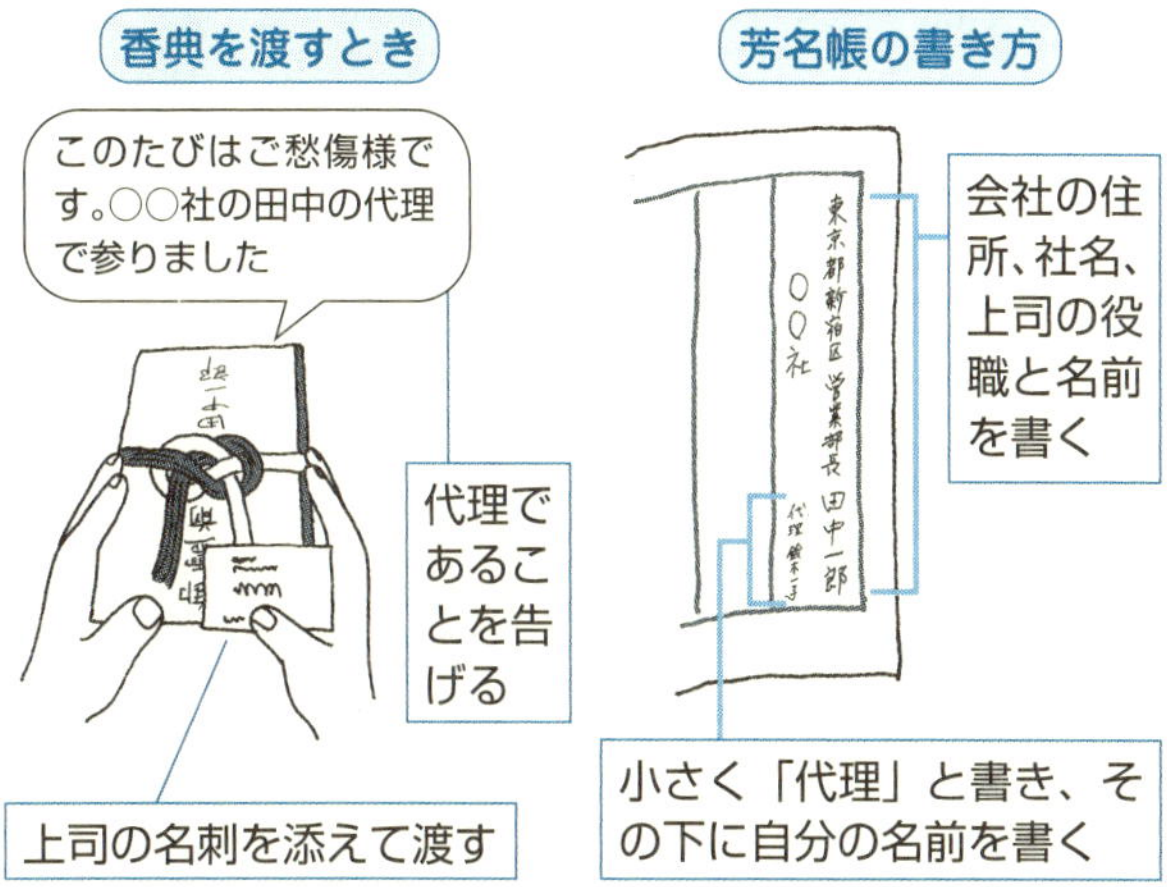
香典を渡すとき
このたびはご愁傷様です。○○社の田中の代理で参りました
代理であることを告げる
上司の名刺を添えて渡す
芳名帳の書き方
会社の住所、社名、上司の役職と名前を書く
小さく「代理」と書き、その下に自分の名前を書く

ない限りは渡さなくていい。

芳名帳《ほうめいちょう》には会社の住所と上司の役職・名前を書き、その左側に小さめに「代」あるいは「代理」と書いた上で自分の氏名を書き入れよう。

通夜振る舞いを受けるかどうかは相手との付き合いの深さによっても変わってくるので、あらかじめ上司の指示をあおぐべきである。

また、当日いただく香典返しはお金を包んだ上司のものなので、参列の報告をするときに手渡すようにする。

いずれにせよ、たとえ故人をよく知らなくても代理で参列する以上は心からの哀悼の意を示すのがマナーだ。

玄関で靴を脱ぐとき、前を向いて脱ぐ？ 後ろを向いて脱ぐ？

ひと口に「常識」といってもその国の生活様式によってさまざまである。そういう意味では「靴を脱ぐときの作法」は日本独自のものといっていいだろう。料亭や旅館であれば従業員が世話を焼いてくれるが、よそのお宅を訪問するときはそうはいかない。「この人は品がない」という烙印を押されないためにも、ここはきちんとした所作を心がけたい。

まず、靴は正面を向いて脱ぐのが基本である。よく、あとで靴の向きを直すのが面倒なのか室内に対して後ろ向きに靴を脱ぐ人を見かけるが、これはマナー違反である。

そして**靴を脱いだら先方にお尻を向けないよう体を少し斜めにして、ひざをついて靴の向きを直す。直したら揃えてたたきの隅に寄せておく**と丁寧だ。

ブーツの場合は「失礼します」と声をかけてから腰をかけて脱ぐのがスマートだろう。ただ、訪問をすることがわかっているのなら、脱ぎやすい靴を選ぶのもマナーのうちである。

玄関で靴を脱ぐときのマナー

どうぞ
失礼します

①正面を向いて靴を脱ぐ

②相手におしりを向けないよう、体を少し斜めにして、ひざをついて靴の向きを直す

揃えた靴は、
たたきの隅に
寄せておく

自宅に訪問したときに、手土産を渡すタイミングはいつ？

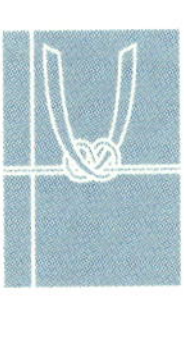

なじみの友人宅にふらりと立ち寄る場合はさておき、上司の自宅やお世話になった親類宅など、少しあらたまった訪問をするときには手土産が欠かせない。高級品でなくても、相手に喜ばれそうなものを選んで挨拶代わりにするのが大人のたしなみというものだ。

ところで、手土産を渡すときには「つまらないものですが」とへりくだった物言いをするのが通例だが、最近では「つまらない」という言葉は贈り物にふさわしくないという解釈も多く、別の言回しで渡すのがよしとされている。

例をあげれば**「ほんの気持ちですが、よろしければみなさんで」**とか**「地元の銘菓ですが、お口に合うかどうか」**などのフレーズが適当だろう。

「つまらないもの」と謙遜されるよりも、このほうが心を込めて選んでくれたことが伝わるので相手も気持ちよく受け取れるはずだ。

ちなみに、**渡すタイミングは玄関ではなく客間に通されてから**にする。きちんと正座した

手土産を渡すときは心を込めて

ほんの気持ちですが、よろしければみなさんで
紙袋から出して両手を添えて差し出す

へりくだった言い方よりも、「喜んでいただけるとうれしい」という気持ちが伝わる言回しがよい

状態で**手土産を入れてきた紙袋から出し、その紙袋はたたんで自分で持ち帰るのがエチケット**である。

また、先方で一緒に食べるつもりでケーキなどの生菓子を持っていったとしても、よほど気心が知れた関係でない限り「一緒に食べようと思いまして」などと口にするのははしたない行為だ。察してくれる相手なら「お持たせですが」といって出してくれるし、こちらから催促するのは筋違いである。

こうした訪問のマナーにはその人の品格が出やすい。緊張しすぎるのもよくないが、大人として最低限の礼儀は守るようにしたい。

スピーチ原稿は原稿用紙で何枚がベスト？

人前で話すのが苦手という人は少なくないだろうが、同僚や先輩の結婚披露宴などではスピーチを頼まれることもある。そんなときは自分なりに心を込めて祝辞を述べたいものだ。

まず、人前で話すことに苦手意識があるなら、くれぐれもぶっつけ本番でやろうなどと思わず、あらかじめ話す内容を原稿に起こしておきたい。

スピーチは長すぎると嫌われるが、かといって短すぎるのも幼稚な印象を与える。この場合、**原稿用紙1枚がおよそ1分**だと考えるといい。したがって2枚書けば2分、3枚書けば3分になるが、ひとつの目安として**3〜4枚にまとめるとちょうどいい長さ**になる。

ウケを狙って下ネタに走ったり過去の異性関係を暴露するのは、場をしらけさせるので避けたほうがいい。主役の素顔がうかがえる明るいエピソードを簡潔にまとめるのが無難だ。

また、緊張すると人は早口になるものなので、本番では意図的に間合いをたっぷり取れば落ち着いた大人のスピーチになるはずだ。

結婚式と葬式が重なったらどっちに出席すればいい？

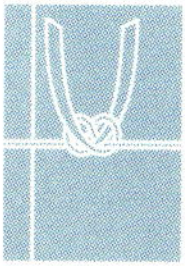

人生には予期せぬ事態がつきものだが、結婚式とお葬式が重なってしまうというハプニングもあるかもしれない。

結婚式はあらかじめ日時の連絡があるが、当然のことながら訃報はある日突然やってくる。こんなときはいったいどちらを優先すればいいのだろうか。

原則として**慶弔が重なった場合は、弔事を優先するのがしきたり**である。その場合は、すぐに新郎か新婦に欠席の連絡をしなくてはならないが、おめでたい式を控える相手に正直に理由を話す必要はない。「やむをえない事情で」とか「仕事の都合で」というようにぼかして伝えるのがマナーだ。

ただし、これは家族に不幸があった場合で、それ以外は通夜か告別式どちらかに出席し、間に合うようなら慶事にも出席していい。逆に、**身内の結婚式と知人の弔事が重なった場合は慶事を優先し、後日弔問する**ようにしよう。

お祝いのお金、2万円は偶数だからダメ？

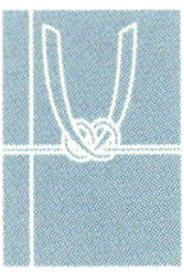

昔からのしきたりには縁起を担いでいるものが多い。たとえば、祝儀・不祝儀の数字などもそれに当てはまる。日本では昔から慶事は奇数、弔事には偶数の金額を贈るのが一般的だ。ところが、なかには例外もいくつかある。

たとえば２万円は偶数だが、夫婦一対になぞらえ結婚祝いにはよしとされているし、８万円も同じ偶数ながら、末広がりでおめでたいとされている。逆に９万円は「苦」を連想させるのでお祝い事にはタブーだ。

ちなみに結婚祝いなら友人・知人で２〜３万円と相場が決まっているが、２万円の場合は２で割り切れないように１万円と五千円札２枚を包む地域もある。

ただし、関東と関西ではしきたりが違っているほか、北海道の披露宴などは会費制が一般的になっているなど地域によってもさまざまだ。最終的にいくら包めばいいかは、なるべく地域の知人に確認をとったほうが無難だろう。

突然の訃報、絶対言ってはいけないお悔やみの言葉

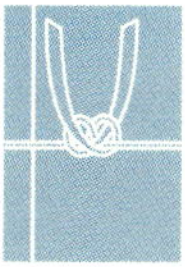

悲しい知らせは前触れなく突然訪れるものだ。親しくしていた人やお世話になった人の訃《ふ》報《ほう》を聞いたときは、誰だって動揺するのが当たり前だ。

さしあたって遺族の人にお悔やみを述べなくてはならないが、いざとなると何を言えばいいのか戸惑ってしまう。こんなときは無理して饒舌《じょうぜつ》にしゃべろうとしないことだ。

「このたびはご愁傷様です。突然のことで……」「なんと申し上げればいいのか……」など、**語尾はあいまいなままでいい。**急な知らせで言葉に詰まってしまうのはごく自然な感情で、むしろ心からの弔意を表すことになるからだ。

こういうときにへたに励まそうとして、「天寿をまっとうされたのだし、おめでたいと思ったほうがいいですよ」とか「大丈夫！　きっとあなたならひとりでも頑張れる」のような声かけは、どちらも他人が軽々しく言うべきことではないので絶対に口にしてはならない。

お悔やみは、相手を思うほど言葉少なになるものと心得ておくことだ。

通夜前に故人と対面するときの作法とは？

あまり想像をしたくはないが、親しい人との間にも突然の別れが訪れる日は必ずある。そんなときは一も二もなく駆けつけるべきだが、もしも遺族から通夜の前に「故人と対面してほしい」と言われたら遠慮せずに受けるのが礼儀だ。

まずは、**故人の枕元に近づき両手をついて一礼、続いて遺族にも一礼**する。故人の顔にかけられた**白布を遺族が上げたら対面**となるが、このとき両手はひざに置いておく。

そうして**拝顔したら合掌したのちに、深く一礼**する。そしてそのまま後ろに下がり、**最後に遺族に一礼して静かに退席**する。

大切なのは冥福を祈る気持ちなので、礼の順序などは間違っても問題はないが、しかしふたつのタブーは覚えておきたい。それはこちらから対面を要求しないことと、自分で白布を上げないことである。

あくまで尊重すべきは遺族の意思であるということだけは肝に銘じておこう。

故人と対面するときのマナー

両手をついて故人に一礼する

遺族に一礼する

遺族が白布を上げたら拝顔し、合掌してから深く一礼する

もう一度、遺族に一礼して退席する

これはタブー

✕ 自分から対面を申し出る
✕ 自ら白布を上げげる

葬儀の手伝いを頼まれたときの手際のいいこなし方

もしも会社の人やその家族に不幸があったとき、同じ職場で働く人間は何をすべきか。おそらくは会社から指示が出るだろうが、さしあたって葬儀の手伝いをすることは心得ておくべきだろう。

実際、現場で誰が何を担当するかは上司に随時相談しながら行うことになるが、ここでは一般的な手伝いの内容を紹介しておく。

弔事は全般的に人手が足りないものである。ただし、会場の設営や遺族のお世話などは葬儀会社がする場合が多いので、**香典の受付や駐車場の整理、駅での会場案内のような役割を率先して引き受けるようにしたい。**

手伝うときはとりたてて沈痛な表情でいる必要もないが、仲間と現場で打ち合わせをするときなどにうっかり笑顔を見せないように気をつける。

受付や返礼品を渡す役目を担当する場合は、喪家側の立場になるので弔問客に対し「本日

率先して引き受けたい手伝い

はありがとうございます」とお礼を述べるのがふつうだ。

もちろん、**自分たちも焼香をしなくてはならないが、これは葬儀が始まってすぐ、弔問客が集まる前に交替で済ませておいたほうがいい**だろう。

場所が場所だけに、現地であれやこれやと相談するのはそぐわないので、それぞれの役割を決めたら粛々とこなすことを心がける。

わからないことがあったり、手持ちぶさたになったときは、あらかじめ決めておいたリーダーや葬儀会社の人の指示を仰ぎながら、できるだけ遺族の助けになれるよう尽くすのが務めだ。

マナーカドリル

質問①

弔事のマナーとして正しいものをすべて選びなさい。

A）どうしても弔問に行けないので、とりいそぎ電話でお悔やみを伝える
B）不祝儀袋の水引は「結び切り」
C）香典は、ふくさがなければ白いハンカチなどでもさしつかえない
D）通夜に出向くときは紺やグレーなど地味な平服で問題ない
E）葬儀では「御霊前」の表書きがある不祝儀袋を出す

質問②

友人から、「結婚することになったので披露宴に招待したい」とメールをもらった。すぐに出席する旨のメールを返したが、後日あらためて招待状が送られてきた。この場合どうすればいいだろうか。

A）何度も返事をするのは失礼にあたるので、とくに返信ハガキは出さない
B）あらためて返信ハガキに出席の旨を書いて、なるべく早く返送する

質問①の答え…A以外はすべて正しい
通夜や葬儀でとりこんでいる相手に電話をかけては失礼にあたるので、くれぐれも注意したい。この場合、電話ではなくすみやかに弔電を手配するのが大人のマナーだ。

質問②の答え…B
いくらメールで出欠の返答をしているとはいえ、招待状の返事は必ず出すのがマナー。また出席するときの返信ハガキはできるだけ早く出すようにしたい。

STEP 7

接待力

会食・酒席で相手の心をグッと「つかむ技術」

ゲストに心から満足してもらうための接待の作法とはどのようなものだろうか。接待の達人たちが実践している、目からウロコのテクニックを学んでみよう。

渡し箸、逆さ箸…会食中にやってはいけない箸づかい

日本人ならぜひ覚えておきたい作法に「箸づかい」がある。

社会に出ると箸が正しく使えないだけで白い目で見られがちだが、持ち方の矯正もさることながら、さしあたって**忌《い》み箸や嫌い箸などと呼ばれるタブーはしっかりと学習しておきたい。**

たとえば、何を食べようかと皿の上をうろうろさせる「迷い箸」や、食べる手をとめて器の上に箸を置く「渡し箸」、口の中で箸の先をなめる「ねぶり箸」などはよく知られている。

ほかにも、割った割り箸をこすりあわせる「こすり箸」や、大皿から取り分けるときに自分の箸を逆さにする「逆さ箸」のように、意外と多くの人がマナー違反と知らずにやっているものもある。

この手の作法は、長年の習慣が出やすく自分では気づきにくい。日ごろから家族や同僚などに注意してもらうのが正しい箸づかいへの近道だ。

やってはいけない箸づかい

迷い箸

料理の上で箸をうろうろさせる

探り箸

器の中をかき回して中身を探る

寄せ箸

箸で器を引き寄せる

渡し箸

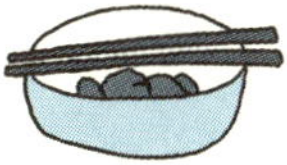

器の上に箸を渡すこと

立て箸

ご飯に箸を立てる

ちぎり箸

両手に箸を持って料理をちぎる

刺し箸

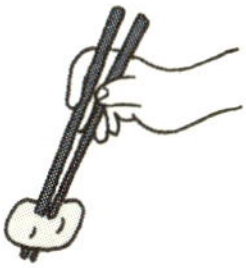

料理に箸を突き刺す

差し箸

箸先で人や料理を指差す

途中は「ハ」の字、終わったら「二」の字、これ何のマナー？

食の欧米化が進む一方で、日本人にはなかなかマスターしきれないのが洋食のマナーである。たまのフルコースでは、慣れない作法に気疲れするという人が多いのが現実だろう。テーブルの上にセットしてあるフォークやナイフを外側から順番に使うことくらいは知っていても、そのほかの細かいルールはうろ覚えだったりする。

たとえば、**ナイフとフォークは置き方で「まだ食べています」とか「終わりました」の意思を表すことができる**が、正しい作法は理解できているだろうか。

まず、**食事の途中であればフォークとナイフは「ハ」の字**に置く。このとき、ナイフの歯は内側に向け、フォークの背を上にする。そして、食べ終わったときはフォークとナイフを揃えて皿の右側に寄せる。こうしておけばウェイターは皿を下げてくれるはずである。

スープの場合は、スプーンを受け皿に横に置くのが終了の合図だ。したがって飲んでいる最中はスープ皿の中に入れておかないと、残っていても下げられてしまうことがあるので気

ナイフ、フォーク、スプーンの置き方

をつけよう。

また、フォークやナイフを落としても自分で拾う必要はない。小さく手をあげるかウェイターに目配せをすれば、新しいものを持ってきてくれる。

ちなみに、ひざにかけるナプキンの扱いにも意味があり、椅子の上に置けば中座の合図、食べ終わったら丸めてテーブルの上に置いておけば料理に満足したというメッセージになる。

大切な接待がフランス料理になる場合もあるかもしれない。そのときにフルコースにとまどっていては接待にならない。**食事の作法は年上の人ほど気にすることが多い**ので、スマートにこなしたいものである。

乾杯するときにやってしまいがちな3つのマナー違反

食事の席に欠かせぬ儀式に乾杯がある。それほどつき合いが深くない相手でも、最初に「乾杯」と唱和《しょうわ》すればそれだけで少し距離が近づくような気になる。たとえ酒が苦手だとしても、会食の席では始まりの合図として明るく乾杯したいものだ。

だが、じつは乾杯のマナーに関しては勘違いされていることが多い。

まず、乾杯といえばグラスを高々と持ち上げなくてはならないと思われがちだが、これは正しくない。とくに**同席者に目上の人がいる場合は、その人より高く上げるのは失礼になる**ので、せいぜい目の高さくらいにとどめておくようにする。

また、乾杯したときにグラス同士を当てなくてはいけないと思い込んでいる人が多いが、こちらも大きな勘違いだ。

隣の人がグラスを向けてきたら軽く当てて応じてもよいが、宴席などで全員に乾杯して回るような行為は落ち着きがない。

乾杯の勘違いマナー

✕ グラスを高く掲げなくてはならない

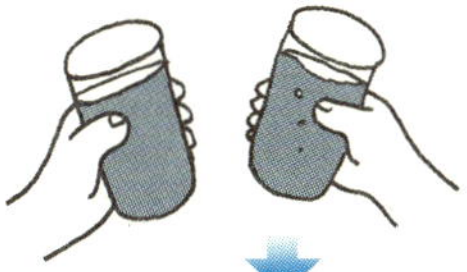

↓

○ 目上の人がいるときは、目の高さくらいにとどめる

✕ グラスを音を立てて当てなければならない

↓

○ グラスを軽く掲げてほほえみ合う

✕ 乾杯のグラスは飲み干さなければならない

↓

○ 飲み干さなくてもいい

それに一流のレストランであれば高価なグラスが出されているはずなので傷をつける恐れがあるし、そもそも**音を立てること自体がマナー違反**になる。この場合は、アイコンタクトでほほえみ合うのが大人の乾杯だ。

ちなみに、**乾杯のグラスは空にするのが礼儀だといわれることもあるが、これも間違い**なので無理をする必要はない。もちろん自分が飲み干したからといってほかの人に強要するのは言語道断である。

ただし、まったく口をつけないのは座がしらけるので、アルコールに弱い人でも口をグラスにつけるくらいの気遣いは欲しいところだ。

スマートなグラスと皿の持ち方「パーティー持ち」とは？

ビジネスパーソンの社交場のひとつといえば立食パーティーである。忘年会や新年会、新作発表会や異業種セミナーなど、人によっては年に何度か経験する機会があるかもしれない。

立食パーティーは、会場を移動しながらさまざまな人と交流を持てるのが最大の魅力である。食事はブッフェスタイルなので好みのものを好きなだけ選んでいいが、指定席がないので移動するときは皿やグラスを持ち歩かねばならない。

パーティーの本場である欧米にならえば、皿とグラスは片手で持つのが正しいマナーになる。**まず、左手の人差し指と中指で皿を挟み、グラスは皿の淵に置いて人差し指と親指で支える。そしてフォークや箸は、皿の下で中指と薬指に挟む**のである。

慣れないうちは片手で持つのにはコツがいる。欧米では右手は握手のために空けておくのがマナーなのでこのような持ち方が推奨されるが、難しいと感じたら無理をせずに両手に分けて持ち、挨拶や名刺交換をするときだけ近くのテーブルに仮置きすればいいだろう。

立食パーティーでの皿とグラスの持ち方

人指し指と中指で
皿を挟む

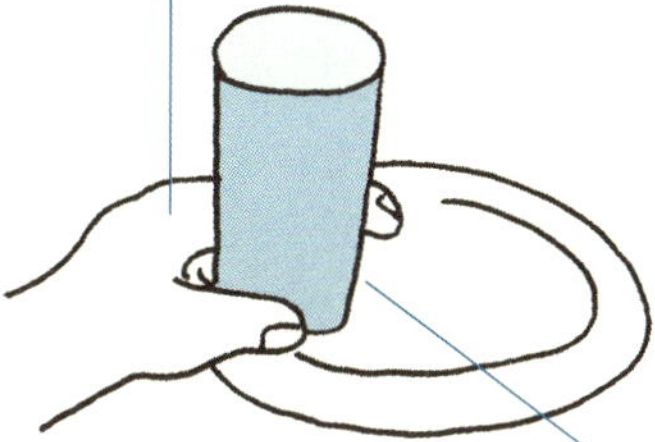

グラスは皿の
縁に置き、人
指し指と親指
で押さえる

箸やフォークは皿
の下で中指と薬指
で挟んで持つ

ライバルに差をつけるビールのうまい注ぎ方

気をきかせてビールをついでみたのはいいが、うまくいかずにグラスが泡だらけ……。こんな失敗はおそらく誰にでもあるはずだ。

ビール好きにいわせればビールと泡の比率は7：3だというが、そこまで厳密にやるかどうかはさておき、ここでは失敗しない注ぎ方を伝授しよう。

ビールは**両手でしっかり握りすぎると温まってしまう**ので、片手で瓶を持ったら、もう一方の手は瓶の底のあたりに軽く添える程度にするといい。

プロは最初に勢いよく注ぐ人が多いが、素人がこれをやると泡だらけになるので、**最初はゆっくりと注ぎ、途中から勢いを増して泡を立てる。ほどよく立ったところで勢いを弱め、あふれる寸前にグラスから離す**のがコツだ。

泡が立ちすぎたら消えるのを待つしかないが、つぎ足しは味が落ちるので嫌う人も多い。できれば1回でビシッと決まるように練習しておきたい。

スマートなビールの注ぎ方

ビール瓶の持ち方

片手で瓶をしっかりと持つ

もう一方の手は瓶の底に添える

ビールの注ぎ方

瓶の口はグラスにつけない

①最初はゆっくり注ぐ

②徐々に勢いを増して泡をつくる

③グラスに９分目くらいまで注ぐ

商談後に食事に誘われたら、行ってもいい？

たとえば、打ち合わせで先方に出向いたときなどに思いがけず食事に誘われることがある。それが「この近くに私どもの行きつけの店があるので、ご一緒にいかがですか」というような誘い文句であれば、それは俗にいう「接待」である。

突然の誘いに、うっかり「ありがとうございます。ではお言葉に甘えて……」と答えてしまいそうだが、それは軽率な行為といわざるを得ない。

仕事抜きで飲みに行けるほど打ち解けた関係ならともかく、接待をするからには先方に何らかの思惑があるものだ。気安く受けてしまうと、結果的にこちらの立場が不利になることも考えられる。

こういうケースでは、まず上司に判断を仰ぐべきだ。もしも商談後に誘いを受けたら「社に戻らなくてはならないので今日のところは」などといったん断り、あとで上司に報告するようにしよう。そうすれば次に誘われたときの対応策を指示してくれるはずだ。

接待で優先すべき人の順番とは？

初めての接待は勝手がわからず落ち着かないものだ。とはいえ、堅苦しく考えすぎないほうがいい。基本的には相手へのもてなしの心があれば、大きな失敗はないはずだ。

まず、店を決めたら早めに到着し、全員で迎えるのがマナーだ。店にも事前に接待であることを伝えておけば、料理の出し方や支払いの面で考慮してくれるだろう。

肝に銘じておきたいのは、**接待の間はどんなときでも客が主役**だということである。**席次やオーダーの段取りはもちろんのこと、入店から見送りまで最優先すべきは相手**だということを覚えておこう。

また、取引先の部長を接待するのにこちらは課長と平社員などという組み合わせは失礼にあたる。少なくとも相手と同格か、または格上の立場の人間がもてなすべきだ。

もしも先方に女性社員がいる場合は、立場にかかわらずレディーファーストでもてなすと好感度が高い。また、翌日には参加者全員にお礼の電話かメールを入れておきたい。

接待カドリル

質問①

次の会話は、取引先の担当者を食事に招待したときのものだ。失礼のない会話になるように空欄に「食べる」の尊敬語か謙譲語を入れなさい。

A）「どうぞ、お好きなものから［　　　　］ください」
B）「遠慮なく［　　　　］ます」
C）「ワインは［　　　　］ますか？」

質問②

質問①のレストランは窓から見える美しい夜景が自慢だ。ところが、席次のマナーにしたがってゲストに出入り口から最も遠い上座を勧めたところ、ちょうど窓を背にして座る格好になってしまった。夜景を眺めるのにベストな席はといえば、自分が座っている下座だ。この場合の適切な対応を考えなさい。

質問①の答え…Aは「召し上がって」、Bは「いただき」、Cは「召し上がり」
「食べる」の尊敬語は「召し上がる」に、謙譲語は「いただく」になる。相手の動作に当たるAとCには尊敬語を、自分の動作であるBには謙譲語を使うのが正しい。

質問②の答え…「こちらの席のほうが眺めがよいので」と断ってから下座を勧める
席次をはじめとする接待のマナーの基本は、相手を心からもてなす気持ちにある。そう考えれば、臨機応変に席次を変えてもまったく問題はないのだ。

STEP 8

段取り力

ライバルに差をつける仕事の「奥の手」

どんな仕事においても、その成果は段取りの良し悪しで決まるといっていい。ライバルに差をつけるためにも、高いレベルの「段取り力」を身につけたい。

使った人の評価が試される コピーの〝その後〟

新人のうちは「この会議用の資料15部、コピーお願いね」と何十枚もの資料を渡されることもある。コピーくらいなら学生のときもやったことがあるから簡単だと思う人もいるだろう。

だが、**会議用の資料や、とくに外部の関係者の目にも触れる重要な書類のコピーには細心の注意を払わなくてはならない。**

たとえば、コピー機の読み取り台の汚れが写ってしまったり、原稿の置き方が雑で、斜めにコピーされていたりするのは美しくないし、もちろんページが抜けているなどというのはもってのほかだ。**コピーは、できるだけ原本に近い状態でとるのが基本**なのである。

そのため、写真が載っている資料はクリアに見えるように「写真モード」の設定にするなどして、コピー機の機能を使い分けることも必要だ。

そうして必要な枚数のコピーが終わったら、ページ順に並べて1セットごとにクリップか

コピーが終わったらコピー機のここをチェック

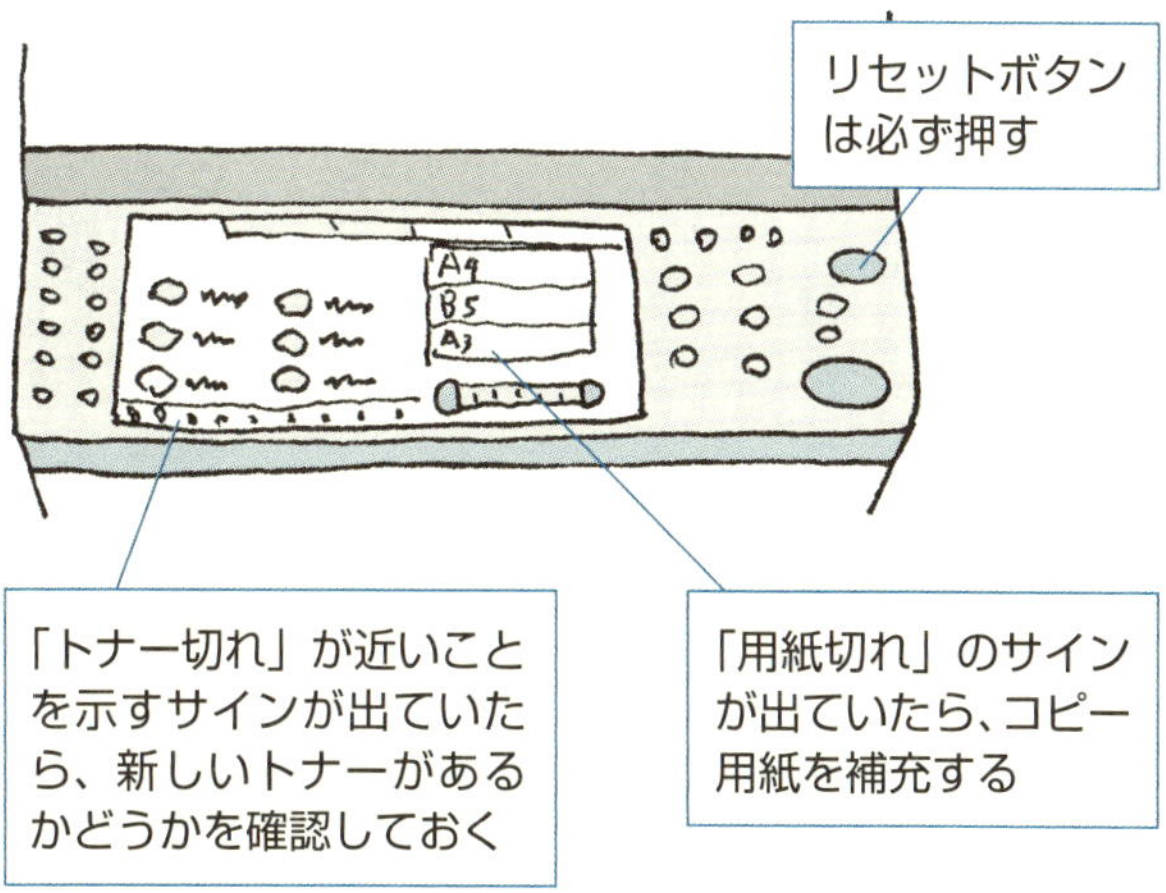
リセットボタンは必ず押す
A4
B5
A3
「トナー切れ」が近いことを示すサインが出ていたら、新しいトナーがあるかどうかを確認しておく
「用紙切れ」のサインが出ていたら、コピー用紙を補充する

ホッチキスでとじる。ものによっては、資料に穴を開けたくないということもあるので、どちらでとじればいいかは担当者や先輩に確認するといいだろう。

そして、使い終わったらフタをして「はい、終わり」ではない。**リセットボタンを押して部数や各種モードなどを元に戻して**おかないと次に使う人に迷惑がかかる。

また、コピー用紙がなくなったりトナーが切れかかっていれば、**紙を補充したり新しいトナーがあるかどうかを確認**するなど、次の人がスムーズに使える状態にしておきたい。

たかがコピー取りと思われがちだが、これらができてこそ一人前なのである。

今さら聞けない会議室の上座と席次とは？

会議室というとあらかじめテーブルとイスがセッティングされていることが多いが、もちろん好きな席に座っていいというわけではない。会議室の席にはれっきとした席次があるのだ。

たとえば、テーブルが「コ」の字型に並べられている場合は、**入り口から最も奥の真ん中の席が会議の進行役である議長の席**になる。**その右隣が最上位の「上座」**で、ここは会議に出席するメンバーの中で最も役職の高い人が座る席だ。そして次に役職の高い人が議長の左隣というように、**議長に近い席から左右交互に席次が決まる**のだ。

つまり、新人が座る下座は出入り口に最も近い場所になる。たしかにここに座っていれば、会議中に「ちょっとサンプルを持ってきてくれませんか」などと頼まれごとをされてもサッと席を立って対応できる。

この席次は、宴会や会席などの場合も同じなので覚えておくと安心だ。

会議室の上座と席次

ヨコ書き書類、タテ書き書類のとじ方「基本ルール」

コピー機は日々どんどん進化していて、大量の書類でもセットしてスタートボタンを押すだけできちんと1部ずつコピーしてくれる。あとは、ページの抜けがないかをチェックしてクリップやホッチキスでとじれば完成となるところだが、このとじる位置にルールがあるのを知っているだろうか。

手元にある本や雑誌を見ればわかるが、**本文がヨコ書きになっているものは左とじ、タテ書きになっているものは右とじ**になっている。それが本作りの基本的なルールだからで、書類をとじるときもそれに習えば迷わずにすむ。

ただ、なかには**ヨコ書きの書類に一部タテ書きの書類が混在している場合**がある。その場合は、**タテ書きの書類の上が左にくるようにセット**してとじればいい。迷ったら、クリップで書類を仮留めしておいて、ページをざっと確認してから、最も見やすい状態に調整してとじれば間違いないだろう。

書類のとじ方のルール

ヨコ書きの書類は
左とじ

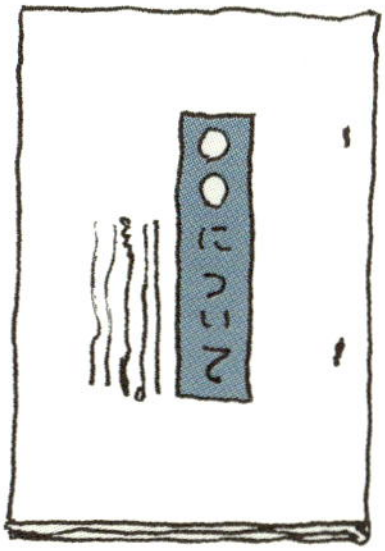

タテ書きの書類は
右とじ

ヨコ書きの書類の中に
タテ書きの紙が混ざっ
ていたら…

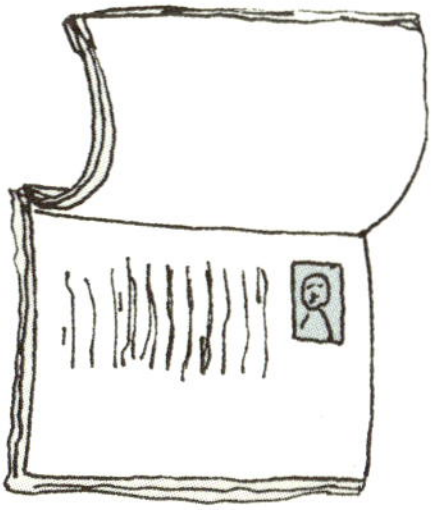

タテ書きの書類は
上の部分をとじる
と読みやすい

社内の他の部署に出向くときもアポイントをとるべき？

入社したてのころは使い走りをさせられていろいろな部署に出向くものだが、しだいに仕事を覚えてくると一担当者として具体的に話を進めるために他の部署の担当者を訪ねることが増えてくる。

そんなときに、同じ会社内だからといって何の連絡もなしに突然訪ねるのは常識に欠ける。大きな組織であればあるほど、**たとえ同じ会社の中であっても他の部署は、他社に出向くときと同じくらいの気遣いが必要**になるのだ。

そこで、他の部署に行くときは、まず内線電話で「○○の件でお時間をいただきたいのですが」と担当者にアポイントを取るようにする。また、相手が課長など自分よりも役職が高い人であれば、一人で出向かずに自分の上司に同行してもらうケースも出てくる。

このような社内のマナーが身についていれば、他社を訪れることになっても安心というわけだ。

他の部署に出向くときの注意点

電話で担当者にアポイントを取る

※社内であってもノックをすること

約束の時間に出向く

担当者が課長や部長クラスなら、自分の部署の同位の上司に同行してもらうことも必要

苦手な上司にも上手にNOを伝えられる「イエス・バット法」

新人は仕事を覚えるのが仕事といわれれば確かにそうなのだが、だからといって何でもかんでも上司に従うイエスマンでいればいいというわけではない。明らかに上司が勘違いしていることには「違います」、どう考えても自分がやるにふさわしくないことは「できません」と言わなくてはならないこともあるだろう。

しかし、上司としては社会人になりたての部下から間違いを指摘されたり、面と向かって反論されたりするのはけっして気持ちのいいものではない。言い方によっては、プライドを傷つけてしまい、後々まで根にもたれてしまいかねない。部下から上司に向かって「NO」を言うのはなかなか難しいのだ。

では、上司に「NO」を言うときにはどうすればいいのだろうか。そんなときに便利なのが「イエス・バット法」だ。

「たしかに課長のおっしゃるとおりだと思います。しかし……」

「イエス・バット法」の使い方（例）

● 上司とは異なる意見を述べたいとき

「たしかにおっしゃるとおりです。しかし～」

● 上司の意見には同意できないとき

「私も同じ考えです。ですが～」

● 無理難題を断りたいとき

「そのような期待をかけていただけるのは光栄です。しかしながら～」

「私も同じ考えです。ですが……」

というように、**最初に相手の意見に耳を傾けて「イエス」と同意の気持ちを表しておいてから、ひと呼吸おいたところで「しかし……」と反対意見を述べる**ようにするのである。

この言回しなら、相手も真っ向から批判されたという気分にはならず、むしろきちんと自分の意見を持っている気概のある部下だと感じて耳を傾けてくれるかもしれない。

同じことを言うにしても、ちょっとした言い方の違いで相手を不快にさせることもあれば、逆に信頼につなげることもできるのだ。

急を要するときの電話とメールのダブル使いとは？

仕事で忙しい相手の邪魔をすることもなく、気軽にメッセージをやり取りできるメールは確かに便利なツールである。だからといって、何でもかんでもメールに頼ってしまうというのはやはり問題だ。

とくに**急を要する用件の場合は、相手がいつ読むかわからないメールで連絡してしまうと間違いなくトラブルになる。**

突然の待ち合わせ時間や場所の変更、トラブル発生の連絡など、すぐに伝える必要がある用件は必ず電話で直接連絡するのが常識というものだ。

ただ、なかには場所が説明しにくかったり、データがあったほうが説明しやすいというような用件もあり、**すべてを電話だけで伝えるのは難しい**場合もある。そういうときにはすぐに**電話で連絡して「詳細はメールでお送りします」と伝えたうえで、メールを送るのが有効**な手段だ。

緊急の連絡はメールではなく電話で

- **トラブル発生の連絡**
- **急な待ち合わせ場所や時間の変更** など

補足で必要なデータや地図があればメールで送る

ちなみに、メールにデータを添付して送る場合は、本文はできるだけ簡潔に要点を書き込む程度に留めたい。あらかじめ電話で用件を伝えてあるわけだから、「○○様、お疲れ様です。よろしくお願いします」だけでもかまわない。

なお、紙に印刷された地図などが手元にあるときは、スキャナで読み取ってＰＤＦファイルにするとメールに添付して送ることができる。

いざというときにあわてないためにも、このような**パソコンの機能をしっかりと使いこなせるようにマスターしておくのも社会人としてのスキルのひとつ**といえるだろう。

仕事がデキる人の発言は締めくくりの語尾が違う

あらたまった会議の席でなくても、話のついでに「そういえば、あの件だが……」と業務について上司から意見を求められることがある。

そんなとき、自分の意見を述べたあとに「〜と思います」と締めくくる人は多い。だが、この何気なく使われている「思います」という言葉をつけて自分の意見を締めくくるのは、じつにもったいないやり方だ。

なぜなら、**「〜と思う」と言うと、その意見がただの個人的な見解として受け取られてしまいかねない**からだ。

つまり、いくらデータを元にした根拠のある意見だったとしても、最後に「思う」をつけてしまったとたんに、意見そのものが軽く見られてしまう。それに、言葉尻をとられて「なぜ、そう思うのか」と聞かれると、「えーあのー」としどろもどろになってしまいがちだ。

これを、**「〜と考えます」で締めくくるとどうだろう。さまざまなデータや経験、根拠に**

「思います」と「考えます」のイメージの違い

世界的に経済が不安定な状態にありますので、
国内の営業も同時に強化しておくべきだと…
思います
考えます
思いつき？
考えが深そう

裏づけられた信頼のおける意見なのだろうと感じるのではないだろうか。

仕事というのはシビアなもので、組織は費用対効果や損益分岐点などを常に意識して運営していかなければならない。

とにかく会社である以上、利益を上げなくては存在意義すらなくなってしまうのである。

そこに一社員の感情的な発想が入る余地などないといってもいいのだ。

存在感のある頼もしい社員をめざすなら、締めの言葉は「思う」ではなく「考える」であると心得ておきたい。

まとまった文章が簡単に書ける「書き出し3分割法」

多くの学生が社会人になって戸惑うことのひとつにビジネス文書の作成がある。雛形《ひながた》があって、ただ日付を変えるだけでいいような送付書や注文書なら問題ないが、社内の連絡事項を伝えるための回覧文書やイベント開催の通知状などとなると話は別だ。まとまりのある文章が浮かばずに、とたんにキーボードを打つ手が止まってしまうという人もいるだろう。

ビジネス文書で大切なのは、なんといってもわかりやすさだ。ただ必要な内容をダラダラと羅列したような文章では最後まで読んでもらえないばかりか、書いた人の能力さえ疑われかねない。

そこで、誰にでも簡単にまとまった文章が書ける**「書き出し3分割法」**で文書作成の練習をしてみよう。

これは、**文書に盛り込む内容を「導入」と「本文」、そして「補足」の3つに分け、それぞれの書き出しに「このたび」、「つきましては」、「なお」などの出だしの言葉を付ける**とい

「書き出し３分割法」の使い方

① 文書に盛り込む内容を３つに分ける

勉強会を行う／参加者募集／応募方法

② それぞれに出だしの言葉をくっつける

「このたび、勉強会を行うことになりました」

「つきましては、参加者を募ります」

「なお、希望の方はメールでお知らせください」

ここに必要な文言を肉付けして文章にしていく

うものだ。

たとえば、社内の回覧文書であれば、「このたび、昨今の経営環境の変化に対応するため社内勉強会を開催することになりました」と書き出す。次に「つきましては、下記の開催日に参加できる方を募ります」、そして最後に「なお、参加希望の方は企画部○○までメールでお知らせください」といった具合に文章を構成することができる。

いきなり文章を書きはじめるのではなく、まず出だしの言葉を付けて文章を整理するクセをつけておくと、どんな文書であっても簡潔にまとめることができるようになるのだ。

デキる人のビジネスメールはタイトルが違う

ビジネスメールで「拝啓　貴社ますます……」というような時候の挨拶から書き出す人はさすがに少なくなったが、本題に入るまでの導入部分がやたらと長かったり、読むこと自体が面倒なメールが送られてくることも少なくない。

ビジネス文書と同様に、ビジネスメールはサッと読んで内容が理解できる簡潔さが身上だ。そのため、**タイトルも内容がひと目でわかるように「○○発注の件」などのように具体的に書くのがポイント**である。本文の導入部分でも、挨拶や日ごろの感謝の気持ちを伝える言葉は長くても3行以内に収めるようにしたい。

また、本題は無駄な言葉をできるだけそぎ落としてシンプルにし、用件が伝わるように心がけよう。内容を詳細に書くことで**本文が長くなってしまうようであれば、本文には概要だけを書いて、詳細はテキストファイルなどにまとめてから添付して送る**のもスマートなやり方だ。

簡潔なメールを書くためのポイント

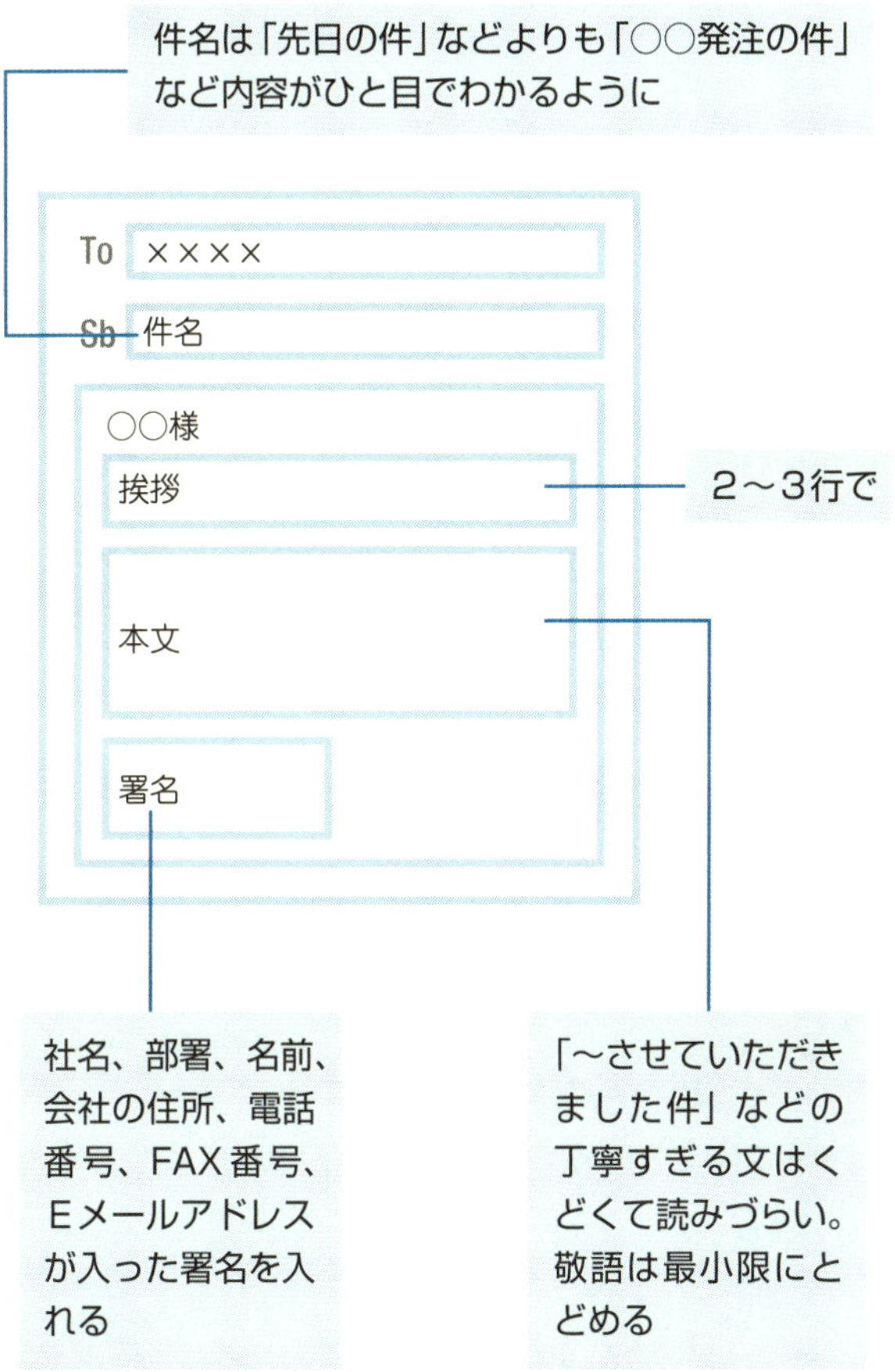
件名は「先日の件」などよりも「○○発注の件」など内容がひと目でわかるように
To ××××
Sb 件名
○○様
挨拶
2～3行で
本文
署名
社名、部署、名前、会社の住所、電話番号、FAX番号、Eメールアドレスが入った署名を入れる
「～させていただきました件」などの丁寧すぎる文はくどくて読みづらい。敬語は最小限にとどめる

つい忘れがちな残業・休日出勤のマナーとは？

その日の仕事はその日のうちに切り上げて残業はしない、というのがご時世だが、時には急を要する仕事が入ってくることもある。

だからといって、夜遅くまで社内に残っていたり、休みの日に勝手に出社するのはいただけない。そんなときはまず、**上司に残業や休日出勤が必要になったことを報告し、了承を得なければならない。**

ところで、就業時間外のオフィスはなんとなく緊張感が薄れるものだ。電話はかかってこないし、上司もいないとなるとついダラダラと仕事をしてしまいがちだが、それはマナー違反というものだ。あらかじめ仕事を終える時間を決めて、段取りよく仕事を片付けよう。

また仕事を終えて**退社するときは、パソコンやコピー機、プリンターの電源を落とし、使ったカップなどもきちんと洗っておく。部屋やトイレなどの電灯の消し忘れがないかチェックして鍵をかける**ところまで気を抜かないようにしたい。

残業や休日出勤のマナー

① 上司の了承を得る

A社から明日までにデータを用意してもらいたいと…
よし、わかった

② 終了時間を決める

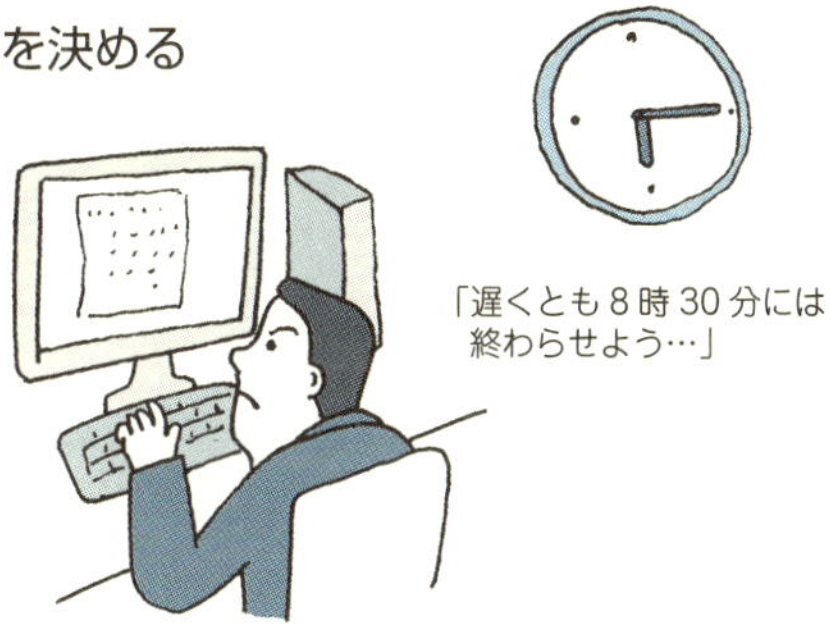
「遅くとも8時30分には終わらせよう…」

③ 電気や戸締りをチェック

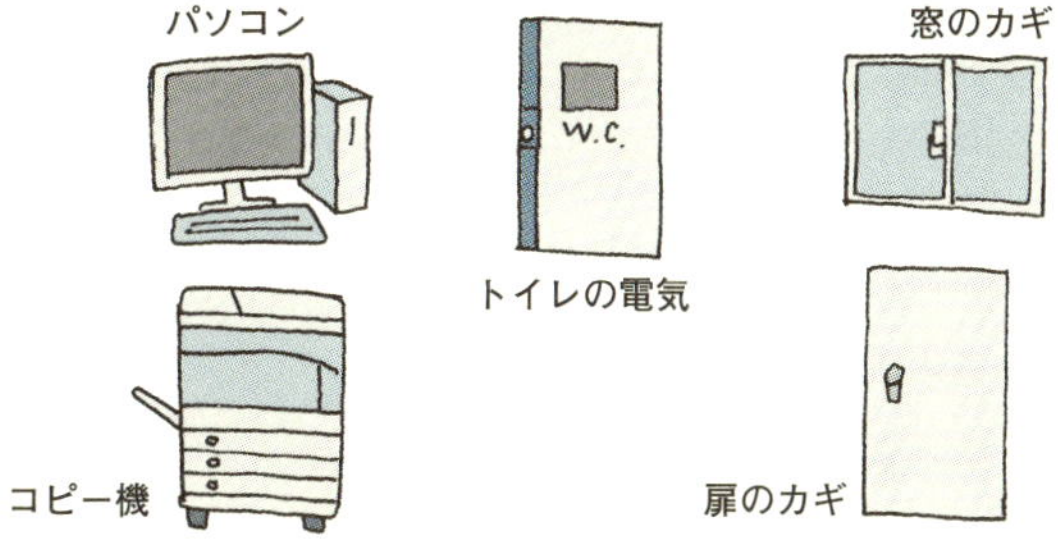
パソコン
トイレの電気
窓のカギ
コピー機
扉のカギ

社用の携帯電話に出るときも社名を名乗るべき？

会社にかかってきた電話なら、「はい、△△社です」と社名を名乗って出ればいいが、では外出中に社用の携帯電話にかかってきたらどうすればいいだろうか。

結論からいえば、**携帯電話では社名は名乗らなくてもいい。**なぜなら、外出先では誰に電話の内容を聞かれているかわからないからだ。まさか、タイミングよくすぐそばにライバル会社の社員がいて聞き耳を立てているなどということもないだろうが、やはり社外では社名は名乗らないのが無難である。

ただし、私用でかかってきた電話で話すときのように「もしもし」と言って出るのも相手に失礼である。携帯電話だとあらかじめ登録しておいた発信者名が表示されるのでつい気を抜いてしまいがちだが、ビジネスでは「もしもし」は使わないものとして覚えておきたい。

そんなときは**「はい、○○です」と名前だけはきちんと名乗って出る**ようにしよう。

ツイッターをするときにふまえておきたい厳禁行為

日本は世界でも有数のブログ大国といわれていて、個人でブログを開設している人はじつに多い。最近ではツイッターにちょっとした〝つぶやき〟を投稿して楽しんでいる人も増えている。

ただし、その利用法に関しては一社会人として責任ある行動が求められる。たとえば、単純に「ランチがおいしかった」とか「コンサートへ行った」といった内容なら問題はないが、これと同じ感覚で**他人の個人情報を投稿したりするのは厳禁**だ。また、まだ開発中で発売前の新製品や人事の話題など、**社外秘の情報を投稿するのもご法度**である。

多くの会社では就業規則の中で「職務上知り得た秘密を第三者に漏らしてはならない」という守秘義務について定めている。つまり、**たとえブログやツイッターのちょっとした書き込みでも、会社に損害を与えてしまうと賠償責任を問われることになりかねない**のだ。

便利で楽しいツールなだけに、軽率な行動はくれぐれも慎みたい。

メールにファイルを添付するときのマナー

パソコンで資料をつくっていて、たくさんの写真を載せたためにファイルのサイズが思いのほか大きくなってしまうことがある。いくら急いで送りたいからといって、このファイルをそのままメールに添付するのはマナー違反だ。

容量が大きなデータの送受信は必要以上に時間がかかることがあり、送り先に迷惑をかける恐れがある。とくに最近ではセキュリティの関係で、規定のサイズを越えた添付ファイルは意図的にはじかれてしまう場合も少なくない。

そこで、**添付ファイルの許容量は一般的な目安として5メガバイト**とされている。それを超える容量のファイルなら、分割して送信するか外部のファイル転送サービスなどを利用するようにしたい。

また、初めてメールを送る相手や確実に送りたい資料を添付するときには、事前にファイルのサイズを連絡しておくといいだろう。

容量の大きなデータはそのまま送らない

メッセージを受信中…
データが重すぎて
メールが受信できない…

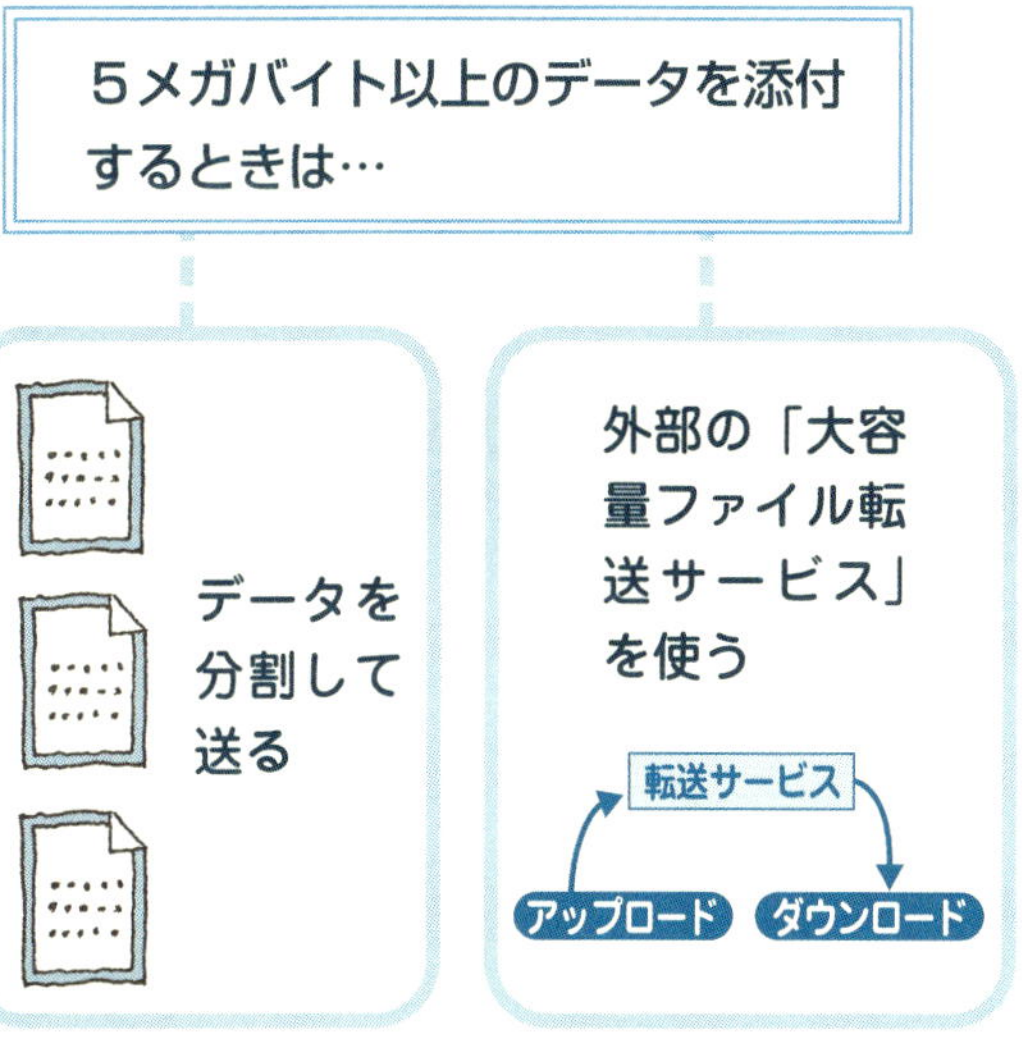
5メガバイト以上のデータを添付するときは…
データを分割して送る
外部の「大容量ファイル転送サービス」を使う
転送サービス
アップロード
ダウンロード

宅配便、郵便…送るときに必ず確認すべきこと

取引先に封書やはがきを送るときにいつも悩んでしまうのが、**株式会社を㈱と省略するかどうかではないだろうか。もちろんこれはマナー違反だが、それよりももっと失礼なのが社名を省略してしまうこと**だ。

さすがにそんな失礼なことはしないと思うかもしれないが、人間の習性というのは恐ろしいもので、ふだんから略して呼んでいるとそれが正しいものだと思い込んでしまうことがあるのだ。

たとえば、社名が長くて言いづらい会社では、そこで働く社員でも社名を略して名乗ることが習慣化していたりする。「○○化学工業株式会社」を「○○化学です」などと言うパターンだ。

それをいつも耳にしていると、いつの間にかあの会社は「○○化学株式会社」なのだと思い込んでしまい、封書の表書きや宅急便の送り状にも無意識に略した社名を書いてしまう。

社名や名前を略していないか要チェック

郵便物の表書

宅配便の送り状

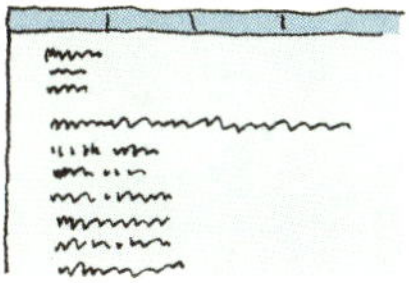

メールの宛名

このようなミスは、長い付き合いの会社であればあるほどありがちだが、気づいたときにはすでに手遅れだったりする。その過ちをいちいち指摘してくれるはずもないからだ。

また、**人の名前を勝手に略すのも失礼に**あたる。名刺には「齋藤」と記されているのに勝手に「斉藤」とか「斎藤」などと簡略化された字体に直したりしてはいないだろうか。

意外と物事を知らない非常識な人だと思われないためにも、企業に手紙などを送るときには、面倒でも名刺を確認しながら一字一字丁寧に、心を込めて書きたいものである。

念のために覚えておきたい「退職のルール」とは？

家庭や健康上の理由、あるいは転職をするために、現在働いている会社を辞めることもあるだろう。そこで、いつそんなことになってもあわてることがないように、退職のルールとマナーを知っておきたい。

まず、退職することを決めたら前もって上司に伝えなくてはならない。**法的には２週間前までに意思表示をすればいいことになっているが、仕事の引継ぎのことを考えれば３カ月くらい前には伝えたい。**

ふつう退職というとまず「退職願」を出すことだと思われがちだが、何の前ぶれもなくいきなり提出するのではなく、**まずは直属の上司に退職の理由と時期を口頭で伝える**ことが先だ。それからあらためて退職願を書くのである。

そして、**退職願が正式に受理されたら、後任者に仕事の引継ぎをする。**自分が担当していた仕事の内容を伝えるだけでなく、手持ちの資料や使っていたパソコンの中のデータもわか

退職するときの手順

上司に退職の意思を伝える

▼

退職願を提出する

▼

業務の引継ぎ、デスクや身の回りの整理

▼

退職

りやすく整理してファイルにまとめ、取引先や担当者の連絡先などもわかりやすいように分類しておく。もちろん、取引先へ退職の挨拶をするときには後任者を同行して紹介しておくことも大切なルールだ。

また、自分のデスクに入っている私物を持ち帰り、支給されていた文具や名刺は会社に戻す。社員証や、会社で加入していた健康保険証なども返却しなくてはいけない。

早めに退職の意思を示せば余裕をもって引継ぎや身辺の整理整頓ができる。〝立つ鳥跡を濁さず〟ではないが、最終日にはデスクをきれいに拭き清めて去りたいものだ。

段取りカドリル

質問①

毎週行う部署の定例会議に時間がかかり過ぎる、と参加者から不満が上がっている。会議を効率よく終えるにはどうすればいいだろうか。

質問②

質問①の答えのようなスムーズな会議の進行を上司に提案したところ、「議題が多いからしかたがない」とまったく話にならない。どうにか上司を説得したいが、どちらの話し方が効果的だろうか。

A）「そんなことはありません。なぜなら…」と自分の意見を熱意を込めて話す

B）「はい、たしかに議題は多いです」と一旦上司の話を聞いてから、「ですが…」と自分の意見を言う

質問①の答え…事前に資料を配る、終了時間を決めておいて延長はしない、など

会議が始まってから資料を配っているようでは、議事に入るまでにかなりの時間をロスしてしまう。事前に資料に目を通してもらい、同時に会議の目的や延長しない旨などを伝えて参加者の意識を高めておくと時間短縮につながる。

質問②の答え…B

無理に自分の意見を押し通そうとすると相手も感情的になってしまう。これではいつまでたっても平行線のままだ。それより、一度相手の話を聞いたうえで態度を軟化させてから自分の意見を言うほうが聞き入れてもらいやすい。

【参考文献】

『必携！ビジネスマナー』（阿部開道／西東社）、『大人の常識とマナー―決定版』（学研教育出版編／学研教育出版）、『石川先生の「ビジネスマナー」スーパーレッスン』（石川信子／すばる舎）、『図解 マナー以前の社会人常識』（岩下宣子／講談社）、『基本のマナーＢＯＯＫ お仕事編』（西出ひろ子監修／マーブルトロン）、『カンペキ！女性のビジネスマナー』（真山美雪監修／西東社）、『人生を変える笑顔のつくり方』（野坂礼子／ＰＨＰ研究所）、『ビジネスで恥をかかない日本語のルール』（白沢節子／日本実業出版社）、『さすが！と言われるビジネスマナー 完全版』（高橋書店編集部編／高橋書店）、『ビジネスマナー入門』（梅島みよ、土舘祐子／日本経済新聞社）、『新社会人のための仕事の基本 ビジネスマナー編』（ビジネス実務研究会編／日本能率協会マネジメントセンター）、『「仕事の基本」が身につく本―３日で読める！一生役立つ！』（古谷治子／かんき出版）、『図解ビジネスマナーの教科書』（中川美恵子監修／ナツメ社）、『図解 ビジネスマナー＆仕事の基本』（花野蕾監修／池田書店）、『イラッとされないビジネスマナー社会常識の正解』（尾形圭子監修／サンクチュアリ出版）、『コンビニのレジから見た日本人』（竹内稔／商業界）、『そのバイト語はやめなさい』（小林作都子／日本経済新聞社）、『聡明でセンスある女性の話し方』（渡辺由香／三笠書房）、『見てわかる基本のビジネスマナー』（相部博子監修／西東社）、『仕事ができる人の「マル秘」法則』（エンサイクロネット／ＰＨＰ研究所）、『ビジネスマナー早わかり事典』（葛西千鶴子監修／池田書店）、『正しい敬語が面白いほど身につく本』（社員教育研究会／中経出版）、ほか

【ホームページ】

オールアバウト、ご贈答マナー、ＩＴｐｒｏ、ウエディングＷａｌｋｅｒ、ｉタウンページ、総務の森、フレッシャーズ、ほか

青春新書 PLAYBOOKS

人生を自由自在に活動《プレイ》する

人生の活動源として

いま要求される新しい気運は、最も現実的な生々しい時代に吐息する大衆の活力と活動源である。

文明はすべてを合理化し、自主的精神はますます衰退に瀕し、自由は奪われようとしている今日、プレイブックスに課せられた役割と必要は広く新鮮な願いとなろう。

いわゆる知識人にもとめる書物は数多く窺うまでもない。

本刊行は、在来の観念類型を打破し、謂わば現代生活の機能に即する潤滑油として、逞しい生命を吹込もうとするものである。

われわれの現状は、埃りと騒音に紛れ、雑踏に苛まれ、あくせく追われる仕事に、日々の不安は健全な精神生活を妨げる圧迫感となり、まさに現実はストレス症状を呈している。

プレイブックスは、それらすべてのうっ積を吹きとばし、自由闊達な活動力を培養し、勇気と自信を生みだす最も楽しいシリーズたらんことを、われわれは鋭意貫かんとするものである。

―創始者のことば―　小澤和一

編者紹介

知的生活追跡班

〈ちてきせいかつついせきはん〉

忙しい現代人としては、必要な情報だけすぐ欲しい、タメになることだけ知りたい、と思うもの。けれど実際、世の中そう簡単にはいかない——そんなニーズに応えるべく結成された知的集団。あらゆる最新情報の肝心なところだけを、即座にお届けするのを使命としている。

本書は身だしなみから根回しのルールまで、ビジネスシーンにかかせない基本テクニックと裏ワザを1分間のドリル形式で一挙に公開! 好感度がアップする、どんどん結果がついてくる決定版!!

図解《ずかい》1分《ぷん》ドリル

もう恥《はじ》をかかない!
大人《おとな》の「常識力《じょうしきりょく》」

青春新書 PLAYBOOKS

2012年3月10日 第1刷

編者 知的生活追跡班《ちてきせいかつついせきはん》

発行者 小澤源太郎

責任編集 株式会社プライム涌光

電話 編集部 03(3203)2850

発行所 東京都新宿区若松町12番1号 〒162-0056 株式会社青春出版社

電話 営業部 03(3207)1916 振替番号 00190-7-98602

印刷・中央精版印刷 製本・フォーネット社

ISBN978-4-413-01947-7

大好評の「図解1分ドリル」シリーズ第4弾!

青春新書 PLAYBOOKS

図解1分ドリル

この一冊で「モノ」と「思考」を整理する力がいっぺんに身につく!

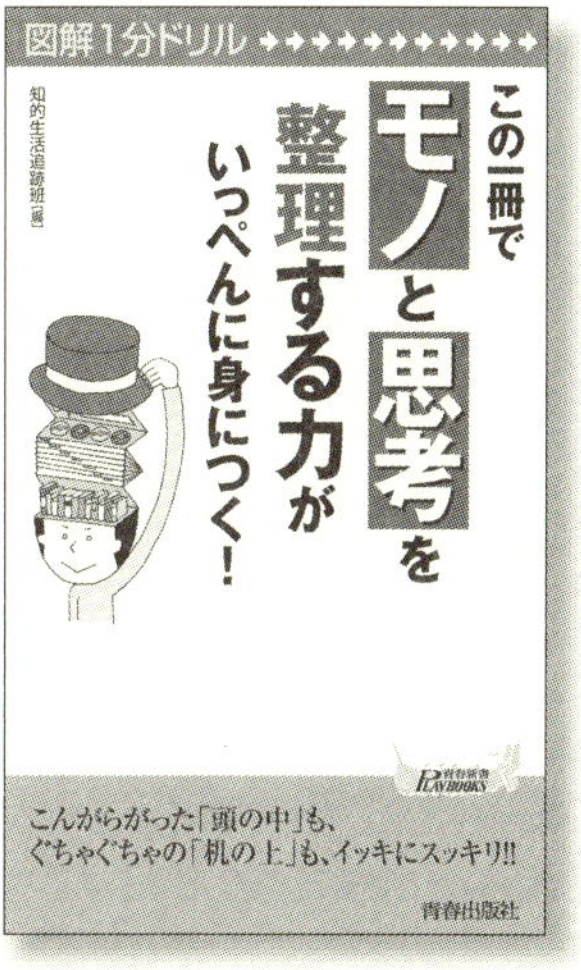

知的生活追跡班[編]

こんがらがった「頭の中」も、
ぐちゃぐちゃの「机の上」も、イッキにスッキリ!!

ISBN978-4-413-01914-9　本体952円

お願い　ページわりの関係からここでは一部の既刊本しか掲載してありません。折り込みの出版案内もご参考にご覧ください。

※上記は本体価格です。(消費税が別途加算されます)
※書名コード(ISBN)は、書店へのご注文にご利用ください。書店にない場合、電話またはFax(書名・冊数・氏名・住所・電話番号を明記)でもご注文いただけます(代金引替宅急便)。商品到着時に定価+手数料をお支払いください。
〔直販係　電話03-3203-5121　Fax03-3207-0982〕
※青春出版社のホームページでも、オンラインで書籍をお買い求めいただけます。ぜひご利用ください。〔http://www.seishun.co.jp/〕